Mate em 7

Donos do próprio destino

José C. Rodrigues

Jul, 2023

Quero agradecer a Syed Hasan Mehdi, autor da imagem utilizada na capa do livro, a qual foi colocada à disposição em "pexels.com".

Índice

Esta página foi deliberadamente deixada em branco.

Preâmbulo

Aprendi a jogar xadrez com o meu pai. Ele ensinou-me as regras básicas de movimentação das peças quando eu ainda era uma criança. Durante a minha infância e adolescência, jogávamos xadrez de vez em quando, ao fim de semana ou a seguir ao jantar, sempre de modo entretido e descontraído.

Entrei para a Universidade de Economia em 1989. Estava eu a ser praxado na porta de entrada quando, enquanto me pintavam a cara com batons das cores da Faculdade, verde e branco, um outro caloiro me pergunta: "Então, de onde é que tu vens?". Foi ali que conheci o Ricardo, que vinha de Elvas. Mais tarde, conheci o Manuel. Um caloiro de barba cerrada, sempre com um comprimento de dois ou mais dias, tom de pele muito moreno e um bocado de falta de cabelo. Tinha cara de cadastrado. Ficámos todos amigos para a vida.

O Ricardo era um jogador amador de xadrez. Tinha participado em torneios, tinha treinado regularmente no clube de xadrez da terra, tinha estudado as técnicas básicas de abertura, meio e fim de jogo, e era detentor de um arsenal de armadilhas próprias de quem leva o xadrez minimamente a sério. Inevitavelmente, levou para Lisboa o seu tabuleiro de xadrez.

Um dia, durante o primeiro semestre letivo, fui encontrar-me com o Ricardo e com o Manuel no "Colégio Universitário Pio XII", onde o Ricardo tinha um quarto arrendado. Estávamos com tempo e o Ricardo propôs-me um jogo de xadrez inusitado. Dispôs-se a jogar contra mim, de costas para o tabuleiro, sem ver as peças. As regras eram as seguintes. O Ricardo jogava de brancas e ambos tínhamos de dar respostas rápidas, em poucos segundos, indicando as coordenadas da jogada; como por exemplo: "torre f8 c8". O Manuel acompanhava o jogo para garantir que não havia enganos na movimentação das peças. Eu aceitei o desafio. E assim demos início a uma experiência única e interessante.

Começámos ambos o jogo em modo automático. O Ricardo jogava de cór a sua abertura preferida. De costas para o tabuleiro, e de olhos fechados para que nada perturbasse a sua memorização da posição das peças, ia dando as coordenadas das suas jogadas em segundos, tal como combinado. Eu, desprovido das mais elementares noções básicas do jogo, respondia instintivamente. A uma determinada altura, o Ricardo dá uma instrução de movimentação de um cavalo, tipo "cavalo f6 d5". Eu estava com as pretas em desvantagem clara no tabuleiro e a sentir que precisava de mais tempo para pensar. Então, retorqui: "É pá, Ricardo!... Não tens nenhum cavalo em f6"... Menti! E logo de seguida o Manuel desata a rir à gargalhada.

Passámos muitos bons momentos juntos, mas eu guardo este, no meu coração, com especial gratidão. A forma como perdi o jogo de xadrez, para um adversário que estava de costas para o tabuleiro, ficou a dever-se a inúmeros fatores mas, mais importante que a minha falta de preparação para defrontar um adversário que era muito superior, foi o meu total desconhecimento das mais elementares estratégias inerentes ao jogo de xadrez. Passei a valorizar os conhecimentos e as capacidades de qualquer pessoa. Passei a dar ainda mais importância ao aprofundar dos conhecimentos sobre todo, e qualquer, assunto pelo qual me interesse.

Em 1993, acabei o curso de Economia. Consegui terminar em quatro anos um curso que estava previsto realizar em cinco. Fiz mais cadeiras por semestre do que o estava normalmente preconizado, acumulando os créditos necessários para obter o grau de Licenciado em Economia pela Universidade Nova de Lisboa, que é hoje conhecida como Nova School of Business and Economics. Disseram-me que eu era economista. Tinha umas noções de economia. Tinha umas noções de matemática. Tinha umas noções de estatística. Tinha umas noções de contabilidade. Tinha umas noções de direito. Tinha umas noções de gestão. Tinha umas noções de inglês. Não sabia fazer nada…

Fui trabalhar para um banco. Aprendi as regras de trabalho da instituição. Não me explicaram, mas eu tentei sempre perceber porque razão se criou tal regra e porque razão se adotava tal procedimento. Estive seis anos no banco. Fui concluindo que a multiplicidade de regras e procedimentos nem sempre se adequavam às situações concretas colocadas pela vida real. Muitas vezes, ao invés de simplificarem a vida de funcionários e clientes, regras e procedimentos eram utilizados de forma perversa, resultando numa consequência contrária ao pretendido no momento da sua criação. Outras vezes, as regras não eram aplicadas de forma uniforme. Por fim, regras, procedimentos e pessoas eram, com frequência, simples e insolentemente, desrespeitadas. A partir de certa altura não o suportava mais. Despedi-me.

Desde então, passei por diversas entidades patronais, fui sócio de empresas, fiz um mestrado em negócios internacionais, e nunca parei de estudar Economia. Entendi sempre que, por respeito à minha formação académica de economista, é meu dever ser capaz de explicar a qualquer pessoa como a sociedade melhora os seus níveis de bem-estar. E devo fazê-lo de forma lógica e livre de qualquer preconceito ou opinião.

Compreendi que as relações de causa e consequência que se estabelecem no funcionamento da sociedade se aprofundam muito além do que a intuição humana permite alcançar. Neste momento, ocorrem manifestações destrutivas em Paris, toda a função publica está a fazer greve em Portugal, cidades ucranianas são bombardeadas pelo exército russo, acabam de falir dois bancos nos Estados Unidos, o Credit Suisse acaba de ser salvo pelo banco central do seu país, e centenas de eventos de idêntico cariz ocorrem pelo mundo fora, com especial incidência na América do Sul. A construção de uma sociedade livre, sem inflação, sem desemprego, sem crises económicas, e em que as pessoas adotam livremente comportamentos positivos é relativamente simples. Mas a construção desta realidade, quase poética, requer uma compreensão das estratégias que o ser humano utiliza para condicionar o seu próprio comportamento. E é esse o tema de fundo que aqui se analisa.

Tenho esperança que a sociedade não repita o meu erro e permita que o adversário vença a partida de costas para o tabuleiro.

Racionalidade limitada

Garry Kasparov e Anatoly Karpov são dois dos maiores mestres de sempre do xadrez. Dominaram o xadrez mundial nas duas últimas décadas do século XX. Entre ambos, disputaram 144 partidas, tendo-se registado 104 empates, 21 vitórias de Kasparov e 19 vitórias de Karpov. O conhecimento profundo que ambos tinham do jogo conduziu a um tão significativo equilíbrio nos resultados obtidos nos embates entre si.

O desenvolvimento de um bom xadrezista ocorre através de uma evolução constante, e repartida, entre o estudo individual e o jogo contra os mais diversos adversários. O embate com diferentes oponentes alarga o leque de situações com as quais o xadrezista aprende a lidar. O estudo individual permite aprofundar o raciocínio relativo às consequências que se obtêm através das jogadas sucessivas com que se procura atingir a posição final de vantagem no tabuleiro.

Um dos exercícios individuais que permite que o jogador de xadrez melhore a sua capacidade de cálculo no jogo é o "mate em 3". Na prática, o estudante é confrontado com um vasto conjunto de diferentes situações de distribuição das peças no tabuleiro, nas quais lhe é possível fazer um xeque-mate ao adversário com três jogadas da sua parte. Dado que cada jogador de xadrez alterna entre si a execução de cada jogada, uma das componentes mais interessantes deste exercício é o facto de sabermos, inequivocamente, que as nossas três jogadas irão resultar na nossa vitória, de acordo com as regras do jogo, e qualquer que sejam as duas jogadas que o adversário escolha fazer em resposta aos nossos movimentos. Não basta conhecer as regras do jogo para se ser um perito na matéria. A capacidade para aprofundar o nosso entendimento relativamente a uma cadeia de relações de causa e consequência determina o nível de racionalidade que o ser humano consegue atingir num determinado domínio.

Em 1996, com o desenvolvimento crescente dos denominados super-computadores, a IBM criou uma máquina para jogar xadrez chamada Deep Blue, constituída por 256 co-processadores e que era, alegadamente, capaz de analisar 200 milhões de posições por segundo. A empresa desafiou Garry Kasparov para um jogo entre o homem e a máquina. O homem ganhou três partidas, empatou duas e perdeu uma. O embate de seis partidas voltou a repetir-se em 1997, desta feita com Kasparov a registar duas derrotas, três empates e apenas uma vitória. Os resultados deram origem a uma longa história de polémicas e desenvolvimentos posteriores relacionados com a maior ou menor capacidade da inteligência artificial face ao ser humano. A partir de então, a humanidade começou a confundir os conceitos de "uso inteligente do software" com "uso de software inteligente".

A forma como o Deep Blue venceu Garry Kasparov tem vindo a ser alvo de análise aprofundada. Até 1996, o desenvolvimento do Deep Blue teve por base toda a partilha de conhecimento levada a cabo pela humanidade relativamente às melhores práticas no jogo de xadrez. A memória do computador foi guarnecida com uma base de dados composta por mais de 700 mil partidas de Mestres e Grandes Mestres. Depois, entre os embates de 1996 e 1997, reconheceu-se que o computador foi severamente intervencionado pelos programadores num processo de melhoria. Por último, ocorreram peripécias que nos induzem o pensamento racional. Algumas destas curiosidades são as seguintes: 1) a IBM reconheceu publicamente que efetuava ajustes no programa entre cada partida efetuada, situação que evidencia a dificuldade do Deep Blue em aprender sozinho; 2) a IBM recusou fornecer a Kasparov os relatórios de alguns jogos de xadrez jogados pelo Deep Blue, situação que conferiu a Kasparov a desvantagem de não poder tentar entender o seu oponente nas mesmas circunstâncias que o computador o podia entender a ele; e 3) quando Kasparov pediu para se realizar um terceiro torneio, a IBM, sem que se entenda verdadeiramente porquê, simplesmente recusou. O Deep Blue é um exemplo da utilização da capacidade humana na busca do melhor uso da informação disponível.

No seio do xadrez divulga-se que Garry Kasparov tinha uma profundidade de cálculo até quinze lances. Ele é um dos melhores seres humanos de sempre a dominar o jogo de xadrez. Mas, muito além do talento natural que necessariamente possui para o jogo de xadrez, o desenvolvimento dessa capacidade ficou a dever-se à experiência acumulada do seu estudo individual combinada com os embates com outros grandes seres humanos dotados do mesmo potencial; como foi o caso de Anatoly Karpov. Ambos se especializaram no jogo de xadrez.

Um jogo de xadrez tem frequentemente início com a jogada "peão e2 e4". Desde o primeiro momento, esta jogada permite colocar em prática os princípios estratégicos mais elementares para vencer a partida, tais como, dominar as casas centrais e abrir espaço para o desenvolvimento do maior número possível de peças brancas no tabuleiro. No entanto, os Mestres, e os Grandes Mestres, dão muitas vezes início ao seu jogo através de uma jogada diferente. Para se escolher uma determinada linha de ação, muito mais importante do que seguir as regras e os princípios mais elementares, comummente definidos, é crucial perceber porquê.

A Psicologia explica que o pensamento emocional antecede sempre o desenvolvimento do raciocínio lógico. O mecanismo de tomada de decisão do ser humano é, muitas vezes, baseado na intuição. Neurologistas, como António Damásio, e psicólogos, como Daniel Kahneman, afirmam que, nas circunstâncias apropriadas, o pensamento intuitivo vem à mente espontaneamente, sem esforço, fazendo com que a reação humana tenha uma base emocional antes de poder ser convenientemente pensada. Os psicólogos aprofundam ainda mais esta linha de raciocínio ao comprovar que apenas a instalação mental de um processo de dúvida permite estimular o raciocínio lógico. O ser humano tem dificuldade em lidar simultaneamente com conceitos aparentemente incompatíveis em relação a um determinado assunto. É através da dúvida individual, sobre qual poderá ser a melhor decisão a tomar, que se consolida a capacidade de raciocínio.

Sabe-se hoje que o cérebro é um dos órgãos do corpo que mais energia consome. Consequentemente, a tomada de decisão de base emocional permite ao ser humano poupar energia. Decidir com base em crenças, e preconceitos, previamente adquiridos é um processo facilitador da tomada de decisão. Os psicólogos descobriram que a acessibilidade da mente à informação estatística é lenta. Mas este processo pode ser melhorado através do treino e do recurso ao uso de regras relevantes para o objetivo a atingir. Ainda que este seja um processo cansativo, para que o pensamento racional possa atingir níveis mais avançados há necessidade de remover as "certezas" emocionais que o nosso cérebro antecipa e substituí-las pela dúvida quanto ao melhor caminho a seguir.

Quando a dúvida não é conscientemente considerada, o ser humano evidencia os comportamentos mais primitivos e toma as decisões menos acertadas para garantir o seu próprio bem-estar. Surge assim a tomada de decisão precipitada, a qual é, nestes casos, sempre alicerçada em processos institucionais.

A forma como as instituições funcionam, simultaneamente, como um processo facilitador da tomada de decisão e inibidor do pensamento racional, pode ser percebida através do recurso ao método experimental. A este nível, os cientistas fizeram uma experiência com chimpanzés para entender de que forma é possível condicionar a tomada de decisão individual depois de instituída uma determinada cultura de ação coletiva.

Colocaram-se quatro chimpanzés numa jaula de grande dimensão. Os animais podiam deambular livremente no solo da jaula. Esta era suficientemente espaçosa para os quatro macacos e tinha uma altura significativa. Numa das paredes, a alguns metros de altura, existia uma pequena janela que permitia o acesso dos cientistas ao interior da jaula. Os cientistas colocaram uma escada estreita, por onde só podia subir um macaco de cada vez. No solo, os animais eram alimentados com ração trivial. Após um período em que os animais enjaulados se mostraram adaptados à sua realidade, os cientistas introduziram um fator de perturbação que consistiu em abrir a janela alta e colocar um esplêndido, e apetitoso, cacho de bananas no cimo da escada. Imediatamente, o macaco mais próximo da base da escada iniciou a subida e desfrutou do magnífico manjar. Este procedimento foi repetido e os macacos começaram a posicionar-se cada vez mais perto da escada, cada um com a expectativa de ser ele o único a chegar às bananas, quando elas aparecessem.

Um segundo fator de perturbação é então introduzido pelos cientistas. A partir desse momento, sempre que o desejado cacho de bananas era colocado no cimo da escada, após a subida de um macaco e enquanto este se banqueteava com os frutos, os cientistas passaram a molhar com um duche de água fria os três animais que estavam no solo. O duche de água fria só era aplicado depois da chegada de um macaco às bananas.

A reação dos animais não se fez tardar. Após um período de adaptação à situação, sempre que um cacho de bananas era colocado no cimo da escada e um chimpanzé iniciava a subida, os restantes macacos no solo atiravam-se a ele, segurando-o, agredindo-o e impedindo a sua chegada ao cacho de bananas. Enquanto um macaco não atingia as bananas, os cientistas não molhavam nenhum macaco no solo.

Passado pouco tempo, depois de todos os animais terem percebido que a reação dos que estavam no solo seria bater no indivíduo que tentasse atingir as bananas, os chimpanzés deixaram de subir a escada para chegar às bananas. E estas podiam apodrecer lá no cimo da escada...

A partir de então, os cientistas retiraram da jaula um dos chimpanzés e colocaram no seu interior um novo animal. À primeira aparição das bananas, o novo animal correu para a escada, iniciou a subida, e os restantes três animais, seniores na jaula, atiraram-se a ele, agarraram-no, impediram a continuação da escalada e agrediram-no. O procedimento repetiu-se até que o novo animal deixou de tentar chegar às bananas.

Nesta altura, a jaula tinha três animais do grupo inicial, que foram molhados com o duche de água fria, e um animal que nunca foi molhado. Então, os cientistas retiraram da jaula mais um animal do grupo inicial e introduziram um novo chimpanzé. Uma vez mais, perante a aparição do cacho de bananas, o animal mais recente na jaula tentou subir a escada e alcançar as bananas, mas foi impedido pelos restantes três elementos do grupo. Nenhum animal foi molhado uma vez que nenhum macaco chegou às bananas. Os cientistas repetiram a experiência, retirando, um a um, os dois animais que restavam do grupo inicial, tendo-se sempre deparado com a reação imediata de agressão por parte dos macacos do solo ao novo chimpanzé que tentava subir a escada para chegar às bananas. Os cientistas chegaram então a uma situação em que, no solo, estavam quatro animais que nunca foram molhados, mas que persistiam em agredir os demais sempre que estes tentavam atingir o cacho de bananas.

Não conseguimos falar com os chimpanzés. No entanto, se perguntássemos a cada um dos quatro macacos iniciais porque razão agrediam os demais e os impediam de chegar às bananas, eles iriam responder que não gostavam de ser molhados com o duche de água fria. Agora, se pudéssemos perguntar a cada um dos quatro últimos macacos que habitavam a jaula porque razão queriam agredir o chimpanzé que subia a escada para chegar às bananas, estes apenas podiam responder algo como "Não sei, mas sempre se fez assim"…

O estímulo ao desenvolvimento do pensamento crítico não pode ser conseguido sem uma boa base comunicacional. Para melhorar os níveis de bem-estar do grupo, o último chimpanzé a entrar na jaula precisaria de ser capaz de comunicar com os demais. Mas, o facto de se colocar as regras em dúvida, o facto de se questionar o ambiente institucional que nem sempre percebemos, não significa que se coloque em causa o nosso bem-estar. Muitas vezes, acontece exatamente o contrário. Comprometemos a nossa qualidade de vida devido ao perpetuar da falta de comunicação.

Um exemplo mundano, e esclarecedor, é proveniente da trivial articulação entre uma instituição militar e um funcionário camarário. Numa determinada cidade existia um quartel militar cuja entrada era permanentemente guardada por um soldado. No exterior do quartel, a cidade dispunha de um jardim público que tinha um banco de jardim pertinho da entrada da instalação militar. Um dia, um funcionário camarário foi destacado para renovar a pintura dos bancos de jardim e também pintou o banco que estava próximo da entrada do quartel. O funcionário público dirigiu-se ao guarda de serviço e pediu-lhe para chamar o oficial de serviço. À chegada do oficial de serviço disse-lhe que o banco estava pintado de fresco e que ninguém se podia sentar ali. O oficial de serviço transmitiu ao guarda que ninguém se podia sentar naquele banco de jardim e que tinha de passar a palavra ao soldado que o vinha render. A partir daquele momento, e durante bastante tempo, o guarda que estava de serviço impedia qualquer pessoa de se sentar no banco de jardim. Até que alguém perguntou porquê…

O comportamento humano é essencialmente irracional porque optamos conscientemente por nos recusar a pensar. Tal como faz o jogador de xadrez mal preparado, entramos em linhas comportamentais baseadas em princípios institucionais pouco compreendidos e atuamos de determinada forma sem questionar porquê. Seguimos em "modo macaco". Fazemos de determinado modo simplesmente porque sempre se fez assim. E, se sempre se fez assim, dificilmente podemos ser criticados. Alicerçados no preconceito, fazemos as coisas convictos das nossas certezas emocionais.

A história recente da humanidade tem vindo a proporcionar-nos numerosos exemplos da nossa limitada capacidade racional. Um dos mais notáveis, não só pelo mediatismo que adquiriu, mas sobretudo pelo modo como salienta o efeito do preconceito na tomada de decisão, é conhecido como o "Problema de Monty Hall".

Monty Hall era o nome artístico de Maurice Halperin, um indivíduo que apresentou um concurso de televisão nos Estados Unidos. O concurso esteve no ar de 1963 até 1986. O anfitrião apresentava diversos jogos à audiência. Os concorrentes tinham a oportunidade de escolher entre manter a posse dos prémios já ganhos ou trocá-los, por prémios desconhecidos, existentes atrás de três portas. No entanto, o problema de Monty Hall tornou-se conhecido em 1990, após o programa ter saído do ar. À data, Marilyn vos Savant era uma escritora e colunista da popular revista "Parade" e possuía um espaço dedicado a si chamado "Ask Marilyn". Neste espaço, os leitores colocavam perguntas sobre matemática e ciência avançada, as quais eram por ela respondidas.

Um dia, em Setembro de 1990, um leitor colocou uma questão que ficou conhecida como o "Problema de Monty Hall". O problema é bastante interessante. Suponha que está num concurso televisivo e lhe é dada a possibilidade de escolher um prémio que se encontra por trás de cada uma de três portas que estão fechadas à sua frente. O apresentador informa que atrás de duas das portas está uma cabra e que atrás da outra porta está um magnífico automóvel. Então, o apresentador solicita-lhe que escolha uma porta. Depois do concorrente ter uma porta escolhida, o apresentador abre-lhe uma das duas remanescentes, exibe-lhe uma cabra, e pergunta-lhe se quer manter o prémio, que se encontra por trás da porta que escolheu, ou se prefere trocar. É vantajoso para si aceitar a troca?

Este problema, aparentemente simples, induz a maioria das pessoas a manter a sua posição inicial. No momento final, quando tem de tomar a última decisão, o concorrente está a olhar para duas portas e tem perfeita consciência que, atrás de uma delas está o desejado carro, e atrás da outra está uma cabra. Aparentemente, o ser humano comum é induzido a pensar que está perante uma situação de cinquenta-cinquenta e, nesse caso, opta por manter a sua posição inicial. Algumas pessoas até afirmam que temos de nos manter fiéis ao nosso instinto inicial!

Marylin vos Savant respondeu ao seu leitor informando que não só é do seu interesse aceitar a troca, como também, ao fazê-lo, duplica a sua probabilidade de ganhar o carro.

Esta resposta desencadeou reações inesperadas por todo o país, provenientes até de matemáticos e professores universitários, com milhares de cartas a serem endereçadas para a revista "Parade" manifestando-se contra a resposta dada ao leitor. Marilyn vos Savant divulgou que nove em cada dez leitores discordaram da sua resolução do problema. A pressão exercida sobre a revista, e sobre a escritora, foi tal que esta se sentiu na obrigação de publicar um segundo artigo explicando a solução, a 17 de Fevereiro de 1991. Apesar dos seus esforços, a contestação só foi definitivamente erradicada quando, a 21 de Julho de 1991, John Tierney publicou um artigo no New York Times em defesa de Marylin vos Savant.

Efetivamente, à primeira vista e para qualquer um de nós, parece que estamos perante uma solução de cinquenta-cinquenta, mas esta intuição errada acontece porque nos posicionamos mentalmente na avaliação da situação final e desconsideramos o percurso percorrido que nos levou até ao momento de tomar a última decisão. No início do problema, o concorrente pode escolher entre duas portas com cabra e uma porta com carro. A sua possibilidade de sucesso em acertar no carro com a primeira escolha é de 1 em 3 (ou $\frac{1}{3}$) e a possibilidade de errar com a primeira escolha é de 2 em 3 (ou $\frac{2}{3}$). Assim, sempre que o concorrente aceitar a troca proposta pelo apresentador, no momento final, vai inverter a sua situação inicial, ou seja, passa a ganhar sempre que escolheu mal da primeira vez, e duplica a sua possibilidade de sucesso!

Quando conjugamos a nossa limitação para o raciocínio livre de preconceitos com um estado emocional baseado no medo, tomamos decisões que não são as melhores para nós. Lamentavelmente, e à semelhança do que fizeram os matemáticos e professores universitários que resolveram contestar a solução de Marilyn vos Savant endereçando cartas para a revista "Parade", começamos por apresentar uma posição de força antes de procurar entender o porquê da diferença de posição apresentada pelas outras pessoas. Lamentavelmente, temos tendência para agir com base na intuição e com isso reduzimos o nosso potencial para ser bem sucedidos.

Nós, seres humanos, somos animais incrivelmente menos capazes do que aquilo que normalmente acreditamos ser. A nossa capacidade de raciocínio é muito limitada e a crença de que somos animais racionais deve ser colocada em causa. Entre a provocação e a convicção há um espaço de compreensão por preencher.

Mas o ser humano aprende a pensar. Tal como faz o jogador de xadrez, é através do reconhecimento das nossas capacidades e limitações que o progresso ocorre.

Perguntamos: "Porquê?". Fugimos de preconceitos. Colocamos a dúvida sobre uma determinada linha de raciocínio. Levantamos possibilidades de ação-consequência. Identificamos a solução ótima. E percebemos como chegámos lá. De aí em diante, construímos sobre o conhecimento adquirido.

Esta página foi deliberadamente deixada em branco.

Adversário

A grande rivalidade existente entre Anatoly Karpov e Garry Kasparov é apenas mais uma entre as muitas que podemos identificar sempre que dois seres humanos contemporâneos têm desempenhos de alto nível numa mesma área de expressão. O desporto é fértil nestas situações. A título de exemplo, nos últimos cinquenta anos, podemos identificar os casos de Alain Prost – Ayrton Senna, Michael Jordan – Magic Johnson, Steffi Graf – Martina Navratilova, Mike Tyson – Evander Holyfield e Cristiano Ronaldo – Leonel Messi. Numa primeira análise, mais do que o inimigo a abater, o adversário é uma entidade com quem podemos aprender. E admiração e respeito mútuo podem ser consolidados.

Neste contexto, as possibilidades de aprendizagem através da competição cimentam-se quando os jogadores se empenham na busca da vitória sem recurso a expedientes desonestos. Se assim não for, o vencedor vai atribuir o seu sucesso ao uso de recursos que nada têm a ver com a competição e, natural e conscientemente, desvaloriza até a sua própria performance.

Mas as reações emocionais antecedem o pensamento racional. Se as necessidades de reconhecimento e obtenção de sucesso imediato se sobrepõem a um desejo mais elevado de consistência a longo prazo, então, o indivíduo tende, naturalmente, a realizar qualquer tipo de práticas que o conduzam à vitória, independentemente dos efeitos futuros que essa ação possa significar. Em 2003, Daniel Kahneman, e os seus pares, alertaram que o ser humano privilegia a perseguição dos resultados certos, face aos incertos, e que a visão de longo prazo pode ser estéril na medida em que o longo prazo não é onde a vida acontece. Perante este alerta, da Psicologia, percebemos que os comportamentos desonestos para com os adversários, mais do que uma realidade, podem ser uma constante.

A Economia explica que as pessoas procuram tirar proveito próprio das circunstâncias que o ambiente lhes proporciona. Ao agarrar uma oportunidade para melhorar a sua condição de vida, cada indivíduo pode desencadear diversas consequências para si e para as outras pessoas. O comportamento oportunista desenvolvido por uma pessoa, com o intuito de melhorar o seu bem estar, pode ser classificado como negativo ou positivo. O comportamento oportunista negativo ocorre quando alguém age no sentido de satisfazer as suas próprias necessidades, embora esteja ciente de que acabará em pior situação se todas as pessoas da comunidade agirem da mesma forma. São exemplos de comportamentos oportunistas negativos as ações de roubar ou subornar. Por seu turno, o comportamento oportunista positivo acontece quando a pessoa age para satisfazer as suas próprias necessidades, inteiramente ciente de que ela própria ficará ainda melhor se toda a comunidade se comportar da mesma forma. São exemplos de comportamentos oportunistas positivos a produção de bens e serviços ou os atos para evitar poluir o planeta. É no tipo de comportamento oportunista que adotamos que reside a essência dos estádios de desenvolvimento, ou decadência, de uma sociedade.

A história recente da humanidade está repleta de situações em que o comportamento oportunista se manifesta intensamente de cada uma das duas formas. No entanto, e de forma muito elucidativa quanto ao relevo que o comportamento oportunista tem no estádio de progresso, ou declínio, das condições de vida das populações, a história da humanidade fornece-nos exemplos muito marcantes através de dois eventos um pouco mais remotos.

Na Grécia antiga, há aproximadamente seiscentos anos antes de Cristo, o território grego distribuía-se por diversas regiões, as quais se encontravam ainda mais fragmentadas entre cidades, ilhas e pequenos territórios. Cada território tinha um senhor, o qual, governava sem oposição e inteiramente de acordo com a sua vontade. Era o aristocrata – termo que resulta da junção de *aristos*, que significa "melhor", com *kratein*, que significa "governar". Cada aristocrata submetia as populações do seu território a seu bel-prazer. O aristocrata era escolhido pela população principalmente por ser o mais rico. Era aquele que podia proporcionar armas em caso de necessidade de defesa contra potenciais invasores. Era aquele que podia permitir-se pagar o divertimento da comunidade através da contratação de músicos e dançarinos. E era também aquele que decidia os conflitos entre os cidadãos do seu território. No entanto, além da escolha popular, o poder também era conquistado através da guerra.

Em 546 a.C., surgiu em Atenas um homem que conquistou o poder pela força. Chamava-se Pisístrato e governou de forma completamente diferente do que faziam os aristocratas da época. Começou por desenvolver na população a noção de estado-nação. Incentivou as classes mais baixas da população a reconhecer obediência ao estado e não a qualquer aristocrata, qualquer que fosse a sua riqueza. Encorajou a participação do povo comum nos assuntos públicos. Centralizou a administração pública. Esvaziou de significado as funções da aristocracia no seio da sociedade. Estabeleceu um imposto de dez por cento sobre todas as terras e utilizou esse dinheiro para subsidiar os agricultores mais pobres. Estimulou o desenvolvimento da indústria cerâmica e as trocas comerciais com o exterior de Atenas, estendendo-as por todo o mar Egeu. Construiu diversas infraestruturas públicas de apoio à iniciativa privada. Fomentou as festas e as artes. Estabeleceu um relacionamento profícuo entre todas as pessoas da sociedade. Pisístrato mostrou como pode o desenvolvimento económico e social ser conseguido quando se estimula a comunidade a adotar comportamentos oportunistas positivos. Governou Atenas entre 546 a.C. e 527 a.C..

No entanto, na época, a humanidade não foi capaz de entender que a essência da alegria e prosperidade está na capacidade da comunidade para fornecer continuamente, a si própria, os estímulos ao comportamento oportunista positivo. Enveredámos, desde então, pela adoção maioritária de comportamentos oportunistas negativos e, mil anos depois, ainda vivíamos a época medieval.

Em particular, no século XII, na Mongólia, à semelhança do que se tinha passado em Atenas mais de mil anos antes, também os territórios mongóis estavam divididos em várias tribos, cada um governado por um senhor, o "khan". Os mongóis aceitavam que o poder sobre a tribo fosse transmitido de pai para filho. Mas, esta regra era muitas vezes ignorada e o poder era simplesmente conquistado pela força. As relações com as outras tribos eram um misto de alianças e traições. O recurso ao uso das armas, e à arte da guerra, era uma constante.

Supõe-se que, em 1162, nasceu Temudjin, filho de Yesugei, então líder de uma tribo mongol. Aos treze anos de idade, Temudjin, juntamente com o seu pai, dirigiu-se ao território de uma tribo vizinha para escolher uma esposa e refazer a paz entre os clãs. Mas o seu pai foi envenenado no caminho de volta.

Aproveitando a morte do pai de Temudjin, um ex-soldado de Yesugei, chamado Targutai, expulsou toda a família de Temudjin do território da tribo e forçou-os a sobreviver nas estepes com parcos meios. Temudjin tinha um primo chamado Jamukha, com quem partilhou muitas das adversidades desta época, havendo registos de que chegaram a repartir as últimas reservas de comida. Diz-se que, durante a sua juventude, Temudjin terá sido forçado a fugas constantes pois a perseguição de Targutai foi persistente. Fruto desta vivência, Temudjin tornou-se exímio no disparo do arco e era capaz de cavalgar durante todo o dia. Ao longo deste período, Temudjin nunca deixou de estabelecer contactos com aqueles que pudessem vir a ser seus aliados. Aos dezassete anos casou com Borte, que era oriunda de uma tribo vizinha, antiga aliada do seu pai, os Onggirat. Pouco a pouco, os antigos homens do seu pai foram-se aliando a Temudjin em detrimento de Targutai e, antes de fazer vinte anos, foi nomeado chefe da tribo.

Esteve sempre empenhado em unir todos os "khan" numa única força comandada por si. Implacável na prossecução do seu objetivo, era extremamente generoso com as chefias que serviam sob as suas ordens, mas não admitia rival e matava todos os que pudessem partilhar, ou disputar, o poder com ele. Seguiu um caminho nómada pelas terras da Mongólia, apregoando a unificação dos clãs. Com ele seguia o seu primo Jamukha. Contudo, este nunca aceitou ser subordinado de Temudjin e acabou por se afastar. Desta separação resultou a divisão em dois de toda a Mongólia, com muitos clãs associados a Temudjin, e muitos outros associados a Jamukha. Em 1201, as duas forças enfrentaram-se, naquela que ficou conhecida como "A batalha dos treze lados", e Temudjin venceu. Imperturbável, ordenou a morte de Jamukha. Cinco anos mais tarde, em 1206, foi proclamado "Genghis Khan", o clã dos clãs.

A partir de então, concebeu o conceito de "guerra total" e organizou os seus seguidores em prol dos seus objetivos. Nada era deixado ao acaso, e tanto a preparação das suas forças para a guerra, como o estudo detalhado do inimigo, ambos eram desenvolvidos com grande profundidade. O exército foi dividido numa estrutura de comando vertical em contingentes de dez unidades: dez, cem, mil ou dez mil homens. Cada unidade de grandeza tinha um comandante. Deste modo, "Genghis Khan" comandava eficazmente um exército de duzentos mil homens lidando diretamente com os seus generais. O exército dispunha de tropas auxiliares para manejo de catapultas, de encarregados de arsenal, e até de uma secção de objetos perdidos. O cuidado com as armas era levado até à exaustão. Instituiu o arco curvo para utilização com o cavalo em movimento e combinou a sua utilização com o arco longo. Criou três tipos diferentes de flechas a serem utilizadas consoante as condições da batalha. As flechas, para o combate a curta distância, eram pesadas e tinham ponta de aço para penetrar nas couraças protetoras dos inimigos. O seu exército era treinado intensamente e, ao mesmo tempo, estudava o inimigo ao pormenor. Antes de atacar, introduzia previamente pessoas de confiança nos territórios que planeava conquistar. Procurava pessoas descontentes no povo inimigo e utilizava essas hostilidades a seu favor contra o poder local. Fazia propaganda prévia das suas barbaridades nos territórios inimigos que se preparava para conquistar. Aniquilava sempre os povos conquistados, matando homens, mulheres e crianças. Entre 1207 e 1227, conquistou um território que chegou a ter 24 milhões de quilómetros quadrados, englobando os territórios da Mongólia, China, médio Oriente e parte dos territórios do Sul da Rússia e da Ucrânia.

A análise mais profunda destas duas realidades permite retirar interessantes conclusões quanto ao maior adversário da humanidade. Por um lado, a sociedade de Pisístrato baseava a sua linha de atuação na inclusão e envolvimento de todos os membros da população, num processo comportamental que permitia que toda a comunidade prosperasse. A atividade desenvolvida por Pisístrato trouxe benefícios à humanidade, os quais, para além dos verificados aos próprios atenienses, também se estenderam a todos os povos com quem Atenas estabeleceu trocas comerciais. Em Atenas, existia uma noção clara de que a população poderia melhorar as suas condições de vida caso a sua organização sócio-económica fosse replicada por outras cidades, ou estados, porque daí adviriam condições de troca ainda mais favoráveis. Por outro lado, a sociedade de Genghis Khan empenhou-se barbaramente na conquista de um império descomunal, plenamente ciente que a sua sobrevivência seria colocada em causa se surgisse um oponente com a mesma, ou superior, astúcia militar. Temudjin sempre soube que corria perigo caso as outras pessoas alimentassem o mesmo tipo de objetivos que ele. Nas duas situações, as conquistas alcançadas foram efémeras. Ambas concentraram o poder executivo numa única pessoa. O único adversário da humanidade é a ausência de uma consciência coletiva de como se consolida o comportamento oportunista positivo. Estamos em competição connosco próprios.

Valor

O jogo de xadrez é composto por dois conjuntos de dezasseis peças, um de cor branca e outro de cor preta. Brancas ou pretas, cada conjunto tem exatamente o mesmo número de peças de igual valor. As peças são as seguintes: um rei, uma rainha, dois bispos, dois cavalos, duas torres e oito peões. Por convenção, a primeira jogada pertence às peças brancas. O valor de cada peça depende do seu poder para executar uma determinada ação, em conjugação com a posição que a peça ocupa no tabuleiro.

A peça mais valiosa é o rei. O objetivo do jogo é submeter o rei do adversário à situação de xeque-mate. Nesta situação, o rei é capturado e o jogo acaba. O rei, a peça mais valiosa do tabuleiro, tem o valor da vida.

Devido aos poderes de movimentação que as regras atribuem a cada peça, e apenas para que o iniciante no jogo de xadrez tenha uma noção das importâncias relativas que cada peça tem para ajudar a vencer o jogo, costuma atribuir-se os seguintes valores às restantes peças: rainha, 9; torre, 5; bispo, 3; cavalo, 3; e peão, 1. Também é explicado, desde cedo, que a perda de uma peça de valor igual, ou superior, a 3 pontos constitui uma desvantagem tão grande que o jogador só não perderá o jogo se o adversário também vier a cometer no futuro um ou mais erros de gravidade semelhante. No entanto, também é explicado que uma desvantagem de dois peões assume o mesmo grau de relevância. Por último, salienta-se que, cada peão, para além do apoio que confere à movimentação das outras peças de maior valor, tem, por si só, uma importância decisiva quando consegue atingir o lado contrário do tabuleiro porque, uma vez chegado ao campo do adversário, pode ser promovido a rainha! Conclui-se assim que o jogador de xadrez não pode prescindir de nenhuma peça.

Tal como acontece no jogo de xadrez, a conceção de valor varia, não só de pessoa para pessoa, mas também consoante a situação com que cada indivíduo se depara. Em 1776, Adam Smith explicou que a palavra "valor" tem dois significados diferentes: 1) por vezes expressa a utilidade que um determinado objeto tem; e 2) outras vezes expressa o poder de compra que a posse daquele objeto proporciona ao seu detentor. Estamos, assim, perante dois conceitos diferentes de valor: o valor de uso e o valor de troca. A Economia aprofunda ainda mais estes conceitos ao salientar que a própria noção de valor varia em função das circunstâncias, ainda que se considere o mesmo indivíduo. Por exemplo, um copo de água, no Verão, pode ter muito mais valor para nós que o mesmo copo de água, no Inverno. Contudo, tanto perante a situação do valor de uso, em que apreciamos a satisfação que obtemos ao beber um copo de água, como no caso do valor de troca, em que aproveitamos para vender mais caro o copo de água de que somos proprietários, é o objetivo final de satisfação das nossas necessidades que determina se um bem tem valor para nós.

É interessante analisar a conceção de valor que era dominante nas sociedades de Pisístrato e Genghis Khan.

A sociedade de Pisístrato desenvolveu a produtividade agrícola e a indústria da cerâmica. Dedicou-se à produção de excedentes agrícolas e de artefactos em barro, tecidos e outros bens. Produziu muito para além das suas necessidades e encetou trocas comerciais com os povos à sua volta. Ao contactar com os outros povos também lhes ia proporcionando o mesmo tipo de melhoria do bem-estar através da troca de excedentes. Atenienses e demais povos com quem privaram, todos ficaram com um número muito maior de bens à sua disposição do que aconteceria se se limitassem a produzir para si próprios. E, neste particular, cada bem produzido adquiriu simultaneamente valor de uso e valor de troca. O valor de troca é assim definido pela utilidade que o uso de um bem, que é supérfluo para o produtor, pode significar para um outro consumidor. E, além de proporcionar um aproveitamento alargado do valor de uso, Pisístrato também soube criar e desenvolver o valor de troca.

Genghis Khan, por seu turno, escolhia os territórios a conquistar com base na dimensão dos rebanhos que lá existiam, no potencial de armamento de que se poderia apropriar, e na fertilidade dos solos para garantir boas pastagens. Não se conhece que alguma vez ele tenha encetado esforços comerciais para concretizar trocas de bens com quem quer que fosse. Apenas o valor de uso tinha significado para ele. Por desconhecimento, a sociedade mongol perdeu a oportunidade de melhorar as suas condições de vida através do recurso aos mecanismos de troca.

A Psicologia fornece-nos uma pista importante que poderá explicar as razões pelas quais, ao longo dos séculos, a humanidade não foi ainda capaz de se concentrar na consolidação generalizada dos comportamentos oportunistas positivos. A Psicologia explica-nos a função valor.

A função valor mostra-nos que o ser humano é avesso ao risco, no domínio dos ganhos, e amante da segurança, no domínio das perdas. Este comportamento é facilmente observável nos concorrentes anónimos que participam nos concursos televisivos. Por exemplo, quando a maioria das pessoas é confrontada com a possibilidade de ganhar 100 mil euros, com uma probabilidade de 25%, ou ficar com os 15 mil euros certos já conquistados até então, uma muito grande maioria opta por não ir mais a jogo. O valor esperado de 100 mil euros multiplicado pela probabilidade de 25% é de 25 mil euros, mas a pessoa opta por ficar com os 15 mil euros certos em vez de tentar ganhar os, incertos, 100 mil euros. Por conseguinte, o ser humano é avesso ao risco no domínio dos ganhos. No entanto, no domínio das perdas, o ser humano é amante da segurança. Contrariamente ao que acontece no domínio dos ganhos, sempre que é dada a possibilidade a uma pessoa de pagar para evitar que um mal lhe aconteça, ela aceita pagar mais do que o valor resultante da neutralidade face ao risco. É o que acontece, por exemplo, com o contrato de seguro. A pessoa tem consciência que o prémio que paga à seguradora é composto pela probabilidade de ocorrência do sinistro multiplicada pela sua probabilidade de ocorrência, a cujo resultado é adicionada, posteriormente, uma margem de lucro. Mas, neste caso, o ser humano opta pela perda certa e compra o contrato de seguro ainda que este seja de maior valor esperado do que o que resultaria do cálculo de uma posição de neutralidade face ao risco.

A Psicologia aprofundou ainda mais este conhecimento e explicou que a inclinação da função no domínio dos ganhos é, de duas a duas vezes e meia, menos inclinada do que acontece no domínio das perdas. Desde logo, o esboço gráfico da função valor permite-nos perceber que a perceção dos conceitos de valor, ganho, penalidade e perda difere, de indivíduo para indivíduo, consoante as circunstâncias em causa. Assim, para uma pessoa bastante rica, que tem um rendimento de dez mil euros por mês, uma coima de cem euros é sentida de modo completamente diferente do que acontece com esta mesma multa aplicada a uma pessoa que aufere um rendimento, de apenas, mil euros mensais.

Table of Contents

A função valor

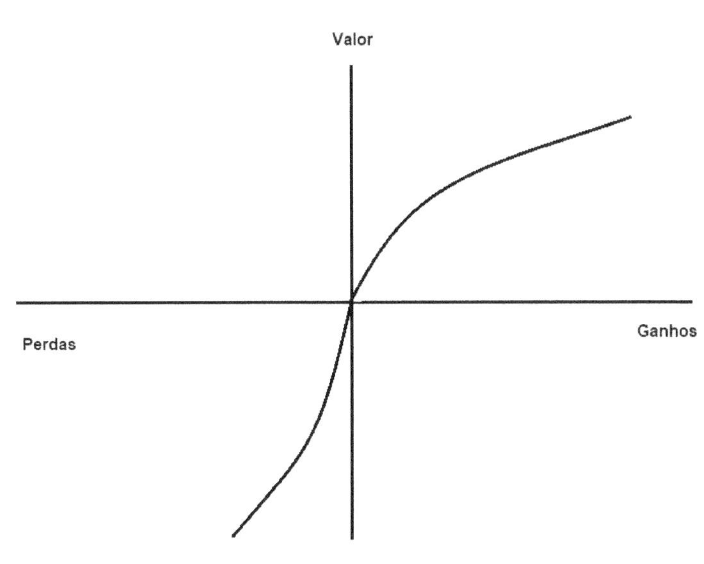

Nota: Baseado em Kahneman, D. (2003) "A perspective on judgment and choice: mapping bounded rationality"

Os processos utilizados pelos seres humanos para melhorarem a sua condição de vida assumem uma relativa complexidade, que se estende para além do pensamento intuitivo do comum mortal. No xadrez, os grandes jogadores preparam armadilhas através das quais atraem o adversário a iniciar processos de troca de peças que conduzem o jogador com maior profundidade de cálculo a acabar em vantagem no tabuleiro. Depois de estarem em vantagem, estes grandes jogadores forçam a troca de peças de igual valor – uma ação que é conhecida como um processo de simplificação. No caso da sociedade em geral, como processo de simplificação, nós utilizamos o dinheiro.

O uso do dinheiro para facilitar as trocas comerciais entre os bens produzidos pelos membros de uma comunidade é também o resultado da evolução da humanidade. Desde os tempos ancestrais das sociedades de caçadores, pastores, agricultores, e durante os períodos de feudalismo da Idade Média, as pessoas eram autorizadas a trabalhar a terra e a tirar daí o seu sustento. Posteriormente, a pouco e pouco, o pagamento do trabalho realizado pelas pessoas começou a ser feito com mercadorias, como carne, peles, trigo, milho e sal. O sal era um bem raro utilizado pelas pessoas para conservar os alimentos, principalmente, a carne. Neste contexto, o sal podia passar de mão em mão sem perder as propriedades pelas quais era apreciado por todos. Gradualmente, na segunda metade do século XIV, foi adotada a prática de pagar o trabalho humano em troca de sal e surgiu o uso do termo "salário" para referir o pagamento do trabalho por parte do dono dos recursos.

O uso do dinheiro, como meio essencial para a criação de valor, foi irrepreensivelmente explicado por Karl Marx, em 1867. O economista explicou que o aumento da escala da produção industrial permitiu que cada produtor adquirisse o controlo sobre um tal volume de excedentes que este só teria utilidade pelo facto de poder ser trocado pelos excedentes produzidos pelos outros membros da sociedade. Podemos identificar um processo de criação de valor e melhoria das condições de vida da população que se baseia no uso do dinheiro para proporcionar a troca de bens. A mercadoria, "M", produzida por um determinado produtor em grandes quantidades, muito para além das suas necessidades de consumo, é vendida aos seus clientes a troco de dinheiro, "D". Posteriormente, este produtor utiliza o dinheiro que recebeu para comprar a mercadoria, "M", produzida em quantidades excedentárias por outros membros da sociedade. Toda a sociedade vive melhor porque coloca à disposição dos seus membros uma grande quantidade de bens que lhes permite satisfazer um maior número de necessidades. O processo "M-D-M", tal como referido por Karl Marx, elucida a importância do uso do dinheiro para a melhoria das condições de vida das populações. Como o dinheiro não pode ser consumido, ele adquire assim valor para a sociedade devido a funcionar como um elemento facilitador da troca. O dinheiro tem, exclusivamente, valor de troca.

As considerações acima tecidas sobre a noção de valor são de extrema importância para a organização da humanidade. Percebemos, claramente, que uma vida de alegria, felicidade e prosperidade assenta no comportamento oportunista positivo dos membros da comunidade. Também percebemos que a sociedade procura evitar o comportamento oportunista negativo das pessoas através da imposição de penalidades quando o seu comportamento se desvia daquele que está legalmente preconizado. No entanto, o valor de uma opção, aquele que, em última análise, determina a decisão do ser humano, depende do objetivo a atingir e da circunstância em que o indivíduo se encontra. Quando se vive na sociedade de Pisístrato, que fornece aos seus membros mais do que aquilo que as pessoas precisam para ser felizes, e lhes permite melhorar ainda mais a sua condição de vida através das trocas comerciais com outros povos, a aplicação de multas sobre o comportamento desviante seria um mecanismo eficaz e de fácil aplicação, uma vez que a sociedade vive num ambiente positivo e recompensador do esforço de todo o ser humano. Se olharmos, agora, para a sociedade de Genghis Khan, a aplicação da multa poderá resultar exclusivamente num reforço do comportamento oportunista negativo porque a pessoa pode, por exemplo, recorrer a novas pilhagens para pagar a multa e ainda recolher algum proveito acrescido, e imediato, das suas ações. O recurso à penalidade perde eficácia numa sociedade em que o comportamento oportunista negativo predomina. Em qualquer um dos exemplos que acabámos de dar, a sociedade tem de estar dotada de um sistema de controlo sobre o comportamento oportunista negativo para conseguir consistência na criação de valor. E o exercício do poder assume um significado decisivo no nível de valor que a sociedade consegue alcançar.

Esta página foi deliberadamente deixada em branco.

Poder

Por definição, "poder" significa "ser capaz de". No jogo de xadrez, o jogador mais poderoso é aquele que detém a capacidade de calcular, com maior profundidade, a consequência das suas potenciais jogadas e, por isso, acaba por vencer os seus jogos. No entanto, ambos os jogadores são inteiramente livres de tomar as suas decisões. Apenas as consequências das suas decisões são diferentes.

No que se refere às consequências que advêm de cada jogada, podemos ter, pela positiva, jogadas "brilhantes, excelentes e boas", e, pela negativa, "asneiras, erros e imprecisões". Uma jogada "brilhante" é aquela cuja superioridade relativamente a outras opções só é entendida pelo jogador que tem grande profundidade no pensamento do xadrez, e pode ser absolutamente determinante para vencer o jogo. Uma jogada é "excelente" quando permite atingir simultaneamente diversos objetivos estratégicos do jogo, condiciona o desenvolvimento do jogo do adversário e faculta um posicionamento vantajoso ao jogador que toma a decisão. Uma "boa" jogada é simplesmente aquela que, não tendo um impacto tão positivo no resultado final quanto uma jogada brilhante ou uma jogada excelente, ainda contribui positivamente para a evolução no tabuleiro das peças daquela cor. Pela negativa, uma jogada é classificada como uma "asneira" quando, de imediato, coloca o jogador que tomou a decisão em desvantagem gritante no jogo. Uma jogada de xadrez é um "erro" quando coloca o jogador em desvantagem no tabuleiro se o adversário conseguir tirar partido da situação. Por fim, a jogada é classificada como uma "imprecisão" quando um jogador de melhor nível consegue identificar jogadas alternativas mais vantajosas, mas a jogada que acabou de ser executada, por si só, não coloca o jogador em desvantagem significativa no tabuleiro. A "imprecisão" tem sempre uma carga negativa porque o jogador que a comete perde a oportunidade de fazer uma jogada de valor positivo.

Ter poder significa ser livre para fazer tudo aquilo que se quer. O jogador de xadrez é livre de tomar a decisão que quiser. Mas apenas o jogador mais competente sai vencedor do jogo. A forma como o poder é exercido define o nível de sucesso da humanidade.

Em sociedade, as pessoas apenas atuam de determinada forma porque querem, e porque podem. Tanto

Pisístrato, como Genghis Khan, conquistaram o poder pelo uso da força e impuseram aos restantes membros da sociedade a sua vontade. Visto na perspetiva de um súbdito daqueles dois ditadores, o poder podia ficar reduzido à capacidade que ambos tinham para subjugar os outros à sua vontade. No entanto, o exercício do poder apenas se torna particularmente relevante quando, mais do que vergar os restantes membros da sociedade ao capricho do poderoso, é capaz de condicionar consistentemente os comportamentos que as pessoas acabam por adotar ao seguir determinadas regras institucionais.

As regras de funcionamento da sociedade definidas por Pisístrato conferiram liberdade de ação aos cidadãos de Atenas para aproveitarem as oportunidades que identificavam. Cada ateniense podia dedicar-se à agricultura, à indústria, aos transportes, ao comércio ou às artes consoante a avaliação que fazia das suas capacidades e dos recursos materiais disponíveis para si. Pisístrato usou o facto de ser capaz de condicionar a vivência da sociedade ateniense para fomentar comportamentos oportunistas positivos. Esses comportamentos acrescentavam tanto mais valor quanto mais fossem replicados pelos restantes cidadãos. E estes, maioritariamente, faziam uma determinada ação porque a queriam fazer.

A liderança de Genghis Khan assumiu um enquadramento bastante diferente. Podemos encontrar relatos que afirmam que o bárbaro terá dito aos seus guerreiros diversas frases de consolidação da ideia de que a primeira, e única regra a seguir pelos seus súbditos, era obedecer-lhe. Os comportamentos das pessoas que estavam sob suas ordens eram assim norteados pela falta de liberdade. Mesmo em batalha, a ação de cada indivíduo estava perfeitamente restringida às ordens que lhes eram ministradas pelos seus comandantes diretos. Diz-se que estavam instituídos castigos de açoitamento e morte para garantir a disciplina nas fileiras do seu exército. Cada indivíduo só podia agir de determinada forma depois de devidamente autorizado. É conhecido que os seus soldados estavam proibidos de praticar qualquer saque sobre os territórios conquistados antes que as batalhas estivessem vencidas, o que constitui um exemplo elucidativo da falta de liberdade que Genghis Khan concedia aos membros da sua sociedade. Neste caso, as pessoas comportavam-se de harmonia com as orientações do ditador, não tanto porque queriam, mas mais porque eram obrigadas a tal.

Cada indivíduo da sociedade pode ser conscientemente classificado em função de uma análise do exercício do poder que desfruta. Assim, para cada pessoa, temos quatro situações possíveis: o indivíduo "quer e pode"; o indivíduo "não quer e não pode"; o indivíduo "não quer e pode"; e, por último, o indivíduo "quer e não pode". A pessoa é livre quando "quer e pode". Neste caso, cada oportunidade detetada resulta numa ação com consequências para a sociedade. A pessoa é realista quando "não quer e não pode". Nenhuma consequência negativa é daqui resultante para a sociedade e também não ocorrem erros individuais. Agora, a sociedade colhe os frutos da organização que possui quando as situações em causa são as duas últimas. Quando a pessoa "não quer e pode" estamos numa situação em que, aos olhos da restante sociedade, o indivíduo é considerado de forma depreciativa. Surge o uso de adjetivos como preguiçoso ou cobarde, os quais têm esse enquadramento aos olhos daqueles que se assumem com direito a tal análise. A tendência do legislador, ou do ditador, vai no sentido de obrigar a pessoa a agir de acordo com as orientações do poderoso. O "preguiçoso", por norma, é obrigado a fazer o que lhe mandam. Por outro lado, quando a pessoa "quer e não pode", o indivíduo é frequentemente apelidado de rebelde e indisciplinado simplesmente porque ambiciona fazer coisas que o legislador entende não lhe permitir fazer. Quando a pessoa é livre e realista, a sociedade atinge o seu máximo potencial desde que as pessoas adotem comportamentos oportunistas positivos. Quando as pessoas adotam os comportamentos enquadráveis em preguiça ou rebeldia, então estamos perante situações claras de deficientes ambientes institucionais, em que um legislador obriga os membros da sociedade a agir de forma diferente daquela que norteia o interesse de todas as pessoas.

No xadrez, a maior harmonia resultante da sequência das jogadas decididas por um jogador com maior profundidade de raciocínio determina o seu sucesso relativamente ao adversário. Na sociedade humana, o determinante-mor do nosso sucesso também é o nível de racionalidade que conseguimos atingir na análise das regras que edificamos.

O exercício do poder determina as escolhas das pessoas e, consequentemente, define quais as oportunidades que são aproveitadas. A forma como a sociedade é capaz de acrescentar valor através da escolha que faz entre a adoção de comportamentos oportunistas, positivos ou negativos, é facilmente ilustrada pelo comportamento dos leões na savana africana.

Em África, num território fértil, vivia um grupo de doze leões. Após a época das chuvas, a vegetação da zona tornou-se abundante e com ela vieram grandes manadas de zebras que passaram a pastar naquele local. Milhares e milhares de zebras vieram desfrutar daqueles terrenos verdejantes. Atrás das manadas de zebras veio um grupo de seis leões proveniente de outra zona da savana. Quando este novo grupo de seis leões entrou no território, encontrou uma leoa local, que estava sozinha e afastada alguns quilómetros dos restantes elementos do seu grupo. Os seis leões, do grupo estrangeiro, mataram a leoa, ali residente, assim que a viram. De aí em diante, os dois grupos de leões viveram em sobressalto permanente, caçando no imenso grupo de milhares de zebras que estava disponível, mas sempre sujeitos a lutas com os leões membros de outro grupo que não o seu. Os dois grupos juntos podiam ter constituído uma comunidade de dezoito leões que tinham ao seu dispor milhares, e milhares, de zebras que podiam durar para a eternidade. Dezoito leões a caçar em grupo podiam escolher a zebra mais gordinha, crocante e apetitosa que quisessem. E nenhuma conseguiria escapar... Cada caçada seria mais produtiva e menos cansativa. Alimentar-se-iam à hora desejada, não teriam caçadas falhadas, e escolhiam sempre as zebras de maior qualidade. Viveriam em paz. A incapacidade dos leões para analisar a situação, conjugada com a dificuldade em comunicar eficazmente entre si, trouxe aos leões uma enorme perda de oportunidade relativa ao seu bem-estar global.

Se procurássemos classificar as decisões tomadas pelos leões entre "brilhantes, excelentes ou boas", e "asneiras, erros ou imprecisões", é certo que a nossa análise nos levaria a concluir que o comportamento dos leões se situa nesta última linha de raciocínio. Importa pois compreender a razão do comportamento dos leões tão profundamente quanto nos for possível.

Cientes de que o comportamento animal é primeiramente de cariz emocional, podemos procurar perceber quais foram as emoções que lideraram a tomada de decisão dos leões. O assassínio da jovem leoa, por parte do segundo grupo de leões quando chegaram ao novo território, revela um comportamento liderado pelo medo. Consciente, ou inconscientemente, cada leão teme que, um dia, as zebras disponíveis possam não ser suficientes para si. Neste sentido, a ganância assume-se como uma expressão exacerbada do medo.

A ganância também é um comportamento identificado no ser humano e a sua justificação nem sempre é racionalmente percebida. O grupo de seis leões, que matou a leoa que estava sozinha, não conseguia entender a situação global em que encontravam e, mesmo que a entendessem, também não conseguiriam comunicar com a leoa no sentido de definir uma estratégia de cooperação. Quando o medo está na base dos mecanismos de tomada de decisão é muito difícil que o indivíduo consiga estabelecer um plano de ação que o leve a confiar nos outros membros da comunidade. Nestes casos, o indivíduo opta por fazer prevalecer a sua força, submetendo os demais à sua vontade. Mas perde-se a oportunidade de melhorar o bem-estar de todos, sem exceção.

O conceito de oportunidade adquire assim um valor fundamental para garantir a qualidade de vida de uma comunidade. A oportunidade apenas pode ser considerada por um indivíduo quando este consegue, simultaneamente, avaliar as circunstâncias com que se depara e possuir poder de execução para agir em função da realidade que acaba de perceber. Cada pessoa pode agir de forma a melhorar, de imediato, o seu bem-estar desde que possua poder de execução para o fazer. A pessoa quer, e pode. O grupo de seis leões atacou e matou a leoa que estava sozinha porque acreditou que seria menos uma inimiga para lhes fazer mal, ou menos uma boca para comer as zebras que ali pastavam. Ela estava à mercê. E eles tinham poder para executar a decisão que tomaram face às circunstâncias disponíveis. Neste caso, o grupo de leões enveredou por um comportamento oportunista negativo na medida em que esta mesma ação, se tomada pelos elementos do outro grupo de leões, contribui imediatamente para piorar o bem-estar do próprio grupo. Cumulativamente, ao matar a leoa assim que a avistaram, não ponderaram qualquer tipo de ação conjunta e coordenada que pudesse favorecer a comunidade global de leões no futuro próximo. Perderam a oportunidade de adotar um comportamento oportunista positivo que permitisse que todos saíssem a ganhar caso os outros elementos da comunidade agissem da mesma forma.

O poder é assim um dos principais condicionantes de como a sociedade aproveita as oportunidades. O exercício do poder está diretamente associado ao conceito de valor que o legislador tem. E à extensão da sua racionalidade. O sucesso de uma sociedade define-se pela forma como estas bases se consolidam. A atitude leonina de competição pelo controlo do território tem uma base emocional enraizada no medo. Sabemos que as emoções presidem à tomada de decisão antes da razão. Também sabemos que o medo da perda é um sentimento que tem, pelo menos, duas vezes mais intensidade que o desejo de um ganho equivalente. A atitude de competição surge assim como uma expressão da menor capacidade de raciocínio, compreensão e análise da situação em mãos, mas que é induzida pela incapacidade do animal para controlar o seu próprio medo. Por outro lado, apenas um muito forte desejo de ambicionar uma vida boa para si e para todos os outros membros da comunidade, sem exceção, desejo esse que teria de se sobrepor ao medo da perda, poderia conduzir os leões dominantes a um esforço de cooperação. A cooperação surge claramente como o resultado de uma maior capacidade dos membros da sociedade para o correto exercício do poder.

A Economia identifica o jogo económico para salientar a vantagem que os comportamentos cooperativos adquirem sobre os comportamentos competitivos.

O jogo económico é ilustrado através de dois jogadores que podem escolher entre duas opções: competir ou cooperar. Quando alguém escolhe competir, a sociedade consegue uma produção total de 10. Quando ambos escolhem cooperar, a sociedade consegue atingir uma produção total de 12. A repartição da produção total da sociedade entre os dois jogadores é feita do seguinte modo: 5-5, quando ambos escolhem competir; 7-3, quando um jogador escolhe competir e o outro escolhe cooperar; e 6-6, quando ambos escolhem cooperar. Este jogo permite colocar a nu os limites da nossa racionalidade.

O jogo económico

		Jogador 2	
		Compete	Coopera
Jogador 1	Compete	(5,5)	(7,3)
	Coopera	(3,7)	(6,6)

Nota: Resultado (Jogador 1, Jogador 2). Baseado em Rodrigues, J. C. (2022) "Virtuous economics"

De um modo geral, os membros da sociedade humana acreditam que vivemos numa sociedade competitiva. Adicionalmente, acreditam até que é na maior ou menor competitividade que reside o sucesso de uma empresa ou de um país. Olhando para o jogo económico percebemos que a realidade não é assim. Quando competimos, perdemos sempre a oportunidade de atingir níveis mais elevados de produtividade através da cooperação. Analisando o jogo económico percebemos que, quando ambos os jogadores combinam entre si entrar em cooperação, mas um deles entra em competição, então, o traidor sai a ganhar no primeiro momento, com um resultado de 7 em 10, e tem consciência que fica melhor do que se entrasse em cooperação pois, nessa altura, conseguiria ficar com um resultado de 6 em 10. Nesta primeira análise, o jogador tem um incentivo claro para entrar em competição e enganar o adversário fingindo-se cooperante. No entanto, o embuste só tem a duração de um período. De aí em diante, o outro jogador, ao invés de cooperar, passará a competir eternamente. Se analisarmos o resultado, que ambos os jogadores obtêm em quatro períodos de relacionamento económico, percebemos que todos saem a perder quando a opção escolhida é competir.

Efetivamente, suponhamos que, no primeiro período, o "jogador 1" entra em competição e engana o "jogador 2" que se comprometeu a cooperar. Neste caso, após a primeira traição, o "jogador 2" nunca mais aceita cooperar. Após quatro períodos, o "jogador 1", que traiu primeiro, tem um resultado acumulado de 22, igual a 7+5+5+5, e o "jogador 2" tem um resultado acumulado de 18, igual a 3+5+5+5. Se os dois jogadores se mantiverem fiéis ao acordo de cooperação, o resultado para ambos no final dos quatro períodos será de 24, igual a 6+6+6+6. Tal como no caso dos leões, também aqui todos os jogadores ficam a perder pelo facto de escolherem adotar atitudes de competição.

Mas a análise pode ser ainda mais detalhada quando efetuada sob o enquadramento emocional a que cada jogador está sujeito. Esta análise assume grande relevância uma vez que sabemos que as emoções são processadas pelo nosso cérebro antes da razão. E o medo tem um peso muito significativo no nosso processo de tomada de decisão.

A racionalidade do nosso posicionamento mental em sociedade está, assim, sob análise. No jogo económico, "cada participante é livre de escolher entre cooperar com o outro jogador, para obter a maior produção possível, ou entrar em competição, para ver quem fica com a maior parte. Vamos considerar que o "jogador 1" não tem a capacidade de avaliar a situação colocada no jogo económico numa perspetiva de continuidade ao longo do tempo – tal como faz um fraco jogador de xadrez que não tem profundidade na avaliação das suas jogadas. Quando o "jogador 1" escolhe cooperar e o "jogador 2" escolhe competir, o "jogador 1" está ciente que perde 70% da produção total. Também percebe que vai sempre dividir a produção total quando escolhe competir. Então, o "jogador 1", que é avesso ao risco e não consegue avaliar a situação para além do primeiro período, vai optar sempre por competir em vez de cooperar, pois é essa a alternativa que lhe minimiza o risco de perda. Em alternativa, se o "jogador 1" for uma pessoa que quer ganhar independentemente do que possa acontecer ao outro jogador, então ele está ciente que tem duas opções: coopera para ganhar 6 ou compete para ficar com 7. Naturalmente, considerando apenas o primeiro período, o jogador que quer ganhar mais escolhe sempre competir, pois é essa a opção que lhe maximiza a possibilidade de ganho. Conclui-se que, independentemente dos níveis de ambição ou aversão ao risco, que cada pessoa tem, a atitude competitiva é apenas fruto do indivíduo não ser capaz de considerar adequadamente as consequências futuras das suas ações. A sociedade competitiva é uma sociedade racionalmente muito limitada.

Estamos em competição connosco próprios. Importa, pois, compreender as "asneiras, erros e imprecisões", e identificar as jogadas "brilhantes, excelentes e boas". Hoje, em pleno século XXI, começamos a perceber os limites da nossa racionalidade e precisamos de crescer através da humildade para o reconhecer. Quando o poder é exercido adequadamente, as regras que condicionam o funcionamento da sociedade induzem o comportamento oportunista positivo. Este, por sua vez, requer que as pessoas sejam livres. Quando o poder é exercido de forma pouco competente, surge a necessidade de forçar obediência. Nesta situação, a produtividade global diminui e a humanidade entra em decadência. A qualidade do exercício do poder é um elemento crucial ao sucesso da humanidade.

Produtividade

Produtividade, poder e valor são conceitos diferentes, mas intimamente ligados entre si. Por um lado, como já foi referido antes, "poder" significa "ser capaz de". Por outro lado, o exercício do poder só faz sentido quando se destina a fazer a pessoa sentir-se bem. Logo, o exercício do poder acrescenta valor para o decisor. Um indivíduo é produtivo quando é capaz de criar valor. O Dicionário da Língua Portuguesa define que produtividade é a qualidade daquilo que é produtivo. Por conseguinte, a produtividade é uma medida de avaliação da capacidade de uma entidade para gerar valor para si própria e para os outros.

Se alargarmos estas importantes considerações a toda a sociedade temos dificuldade em perceber que tipo de valor estamos a criar para todos nós. Que sociedade foi mais produtiva: a sociedade de Pisístrato ou a sociedade de Temudjin? Que sociedade trouxe mais valor para a humanidade? As questões assumem grande relevância porque é a forma como cada pessoa define o seu conceito de valor que determina a resposta que vai dar. Mas fundamentar adequadamente a nossa resposta não é uma tarefa fácil.

O exercício do poder, no sentido de elevar os níveis de produtividade, implica o aumento da capacidade da sociedade para fazer toda a população sentir-se bem. Como vimos anteriormente, estamos sempre perante a possibilidade de criar valor de uso, valor de troca, ou ambos. Sabemos que o ser humano valoriza positivamente a capacidade que tem para se dedicar ao consumo e ao lazer. Em 1776, quando Adam Smith alertou para os dois conceitos, tanto o valor de uso, como o valor de troca, foram imediatamente relacionados com o consumo de bens materiais. No entanto, ambos se estendem ao campo imaterial, e a forma como o poder é exercido, alicerçado em processos competitivos ou cooperativos, vai determinar o nível de produtividade da sociedade.

No xadrez, uma jogada é produtiva se for "boa, excelente ou brilhante" porque contribui positivamente para que o jogador possa vencer a partida. Mas cada jogada está condicionada pelas regras do jogo a que os participantes obedecem. E as decisões jogadas nem sempre são boas.

No ano 2000, o professor, e economista, Witold Henisz alertou que as pessoas investem os seus recursos na atividade política quando esta é mais compensadora para elas do que a atividade económica. No entanto, este tipo de investimento não contribui para aumentar os níveis de bem-estar de todos. A sociedade é tanto mais produtiva quanto maior a quantidade de valor que somos capazes de criar uns para os outros. A forma como a organização da sociedade condiciona as decisões dos seus membros determina os níveis de produtividade, e bem-estar, que é possível atingir.

O jogo de xadrez está organizado de forma padrão. Define um conjunto de regras comuns, aceites por todos os jogadores, deixando que cada pessoa evolua no tabuleiro como entender, através de jogadas alternadas. Mas, cada jogador fica condicionado em função das jogadas do adversário. E é o maior entendimento desta relação de causa-consequência que confere vantagem aos melhores jogadores.

Reconhecer o valor e o mérito do adversário é absolutamente crucial para vencer uma partida de xadrez. Uma das primeiras noções, para a qual o iniciante no estudo de xadrez é alertado, consiste em desenvolver o hábito de identificar o objetivo que o adversário quer atingir com a jogada que acabou de fazer. Deste modo, o jogador pode preparar a sua jogada seguinte em função do seu próprio objetivo de ataque, mas sem descurar a sua defesa.

No jogo de xadrez, as regras são simples, estão bem definidas, são integralmente compreendidas e unanimemente aceites pelos dois jogadores. Para elevar os níveis de produtividade da nossa sociedade global, de uma forma serena e racional, é necessário aprofundarmos o nosso pensamento na identificação do espaço que as regras concedem para que os comportamentos oportunistas, positivos e negativos, se manifestem.

A busca pela produtividade foi assumindo diferentes formas ao longo do tempo. Esta evolução foi magistralmente explicada, em 1776, por Adam Smith.

Nos primórdios do *homo sapiens*, a humanidade sobrevivia exclusivamente da caça. Nessa época, as comunidades moviam-se de um lado para o outro, perseguindo as suas presas. O génio humano foi-se apurando e, com isso, ocorreu a criação e desenvolvimento de ferramentas facilitadoras de se atingir o objetivo. Uma multiplicidade de técnicas, armadilhas e armas de caça foram desenvolvidas. O seu conhecimento foi partilhado entre os elementos do grupo. O comportamento oportunista positivo deu início à melhoria das condições de vida da comunidade de caçadores. Simultaneamente, cada homem era um caçador e um guerreiro. Cada indivíduo era detentor do que caçava. Adicionalmente, cada pessoa percebia que podia melhorar imediatamente o seu bem-estar roubando aos outros os seus pertences. Na tomada de decisão, cada homem tinha de considerar as suas ações, bem como as possíveis reações de outros membros da sociedade. E, cada homem tinha também de se manter a si próprio, quer quando estava a viver no seu território, quer quando estava fora lutando com os seus inimigos. A sociedade não estava convenientemente organizada para garantir entre si as necessidades, de alimentação e defesa, de forma eficiente.

Partindo da compreensão destas insuficiências, o homem começou a garantir o controlo da sua própria alimentação através da criação, e controlo, de rebanhos de animais, ovinos e caprinos. Surgiram as comunidades de pastores. Tal como na sociedade de caçadores, também as sociedades de pastores tinham de se deslocar de um local para o outro, de harmonia com as pastagens disponíveis. No entanto, desta vez, quando a comunidade se movia, ela movia-se em conjunto e mantinha todos os seus membros unidos. As ações, de alimentação e defesa, tornaram-se tarefas coletivas. Os rebanhos de animais passaram a ser um recurso comum. Então, a sociedade humana começou a ganhar eficiência na coordenação dos esforços de todas as pessoas. A sociedade de pastores atingiu condições de vida superiores à sociedade de caçadores. Esta última fazia depender a sua sobrevivência da capacidade individual para encontrar presas na natureza, enquanto a sociedade de pastores passou a deter o controlo direto sobre a sua própria alimentação global. Consequentemente, as sociedades de pastores conquistaram facilmente as sociedades de caçadores.

Mas o engenho humano continuou a persistir na identificação das oportunidades que pudessem conduzir à melhoria das condições de vida das populações e desenvolveram-se as técnicas agrícolas. Estas técnicas, além do controlo da alimentação animal, também permitiram o controlo do reforço da alimentação vegetal, quer para os próprios humanos, quer para melhorar a qualidade dos seus rebanhos. Surgiu então a sociedade de agricultores. Agora, a comunidade vivia num local fixo e já não se podia deslocar para fora, para estar em guerra com o inimigo. Ainda assim, entre os períodos de sementeira e colheita, decorria o período de crescimento agrícola que lhes permitia ir para outros territórios pilhar, e roubar, os pertences de outras comunidades. Quando em guerra, cada agricultor tinha de se manter a si próprio. Assim, a eficácia dos seus esforços coordenados estava necessariamente confinada ao período de tempo inerente ao crescimento das culturas.

Mas o génio humano continuou a manifestar-se e os seus efeitos positivos refletiram-se no bem estar da sociedade. Desenvolveram-se as técnicas de manuseamento dos metais. Inventaram-se as mais variadas ferramentas facilitadoras do trabalho humano. Desenvolveram-se artes e atividades económicas indiretamente relacionadas entre si. Surgiram profissões como o ferreiro, o soldador, o sapateiro, o carpinteiro, ou o tecelão. Nesta altura, tornou-se impossível aliciar estes profissionais a ir para a guerra porque isso significava obrigar estas pessoas a desistir da sua única fonte de subsistência, trocando o certo pelo incerto. A partir de então, aqueles que partiam para a guerra tinha de ser mantidos pelo público em geral. As melhorias nos esforços de guerra exigiram um crescente desenvolvimento industrial e os soldados passaram a ser mantidos pelos esforços de todos aqueles que não eram soldados. Deste modo, a percentagem da comunidade afeta aos esforços de guerra foi-se tornando cada vez mais reduzida.

Até este estágio de progresso da humanidade, identificamos claramente como a afetação dos membros de uma comunidade foi acontecendo ao longo do tempo. O recurso crescente ao uso de ferramentas facilitadoras do trabalho humano permitiu que a produtividade agrícola aumentasse e a mesma quantidade de alimento tivesse passado a ser possível de obter com menos horas de laboração. Por força deste facto, as pessoas foram sendo progressivamente deslocadas para onde elas eram mais precisas. Ou seja, cada vez menos pessoas foram sendo afetas às atividades agrícolas para, em contrapartida, se concentrar cada vez mais gente nas atividades industriais.

Nesta altura do desenvolvimento da sociedade humana, Adam Smith alertou-nos, uma vez mais, para a essência do comportamento humano. Com grande mestria, o economista conta-nos a história de um menino que trabalhava numa fábrica. O menino tinha intervenção direta no funcionamento de um dos primeiros motores a vapor concebidos pelo homem. A intervenção da criança cingia-se a abrir, e fechar, alternadamente, a comunicação entre a caldeira e o cilindro, conforme o pistão subia ou descia. A criança desejava ir brincar com os seus amigos em vez de estar presa àquela atividade fabril. A certa altura, a criança percebeu que podia amarrar um cordel, unindo a maçaneta da válvula que abria a comunicação entre a caldeira e o cilindro, fazendo com que a máquina passasse a funcionar sem a sua ajuda e deixando-a livre para ir brincar com os seus amigos. Uma das mais importantes invenções que o génio humano concebeu para a melhoria e desenvolvimento do motor a vapor foi consequência do desejo de um menino que queria ter tempo para brincar.

Na sua mais simples essência, o ser humano necessita de ter condições de consumo e lazer. E cada pessoa procura utilizar as regras de funcionamento da sociedade para atingir os níveis mais elevados de ambos.

No livro "A riqueza das nações", em 1776, Adam Smith usou a metáfora de uma "mão invisível" que conduzia naturalmente a sociedade a elevar os seus níveis de qualidade de vida. O autor explicou que a sociedade pode elevar os seus níveis de bem-estar se conceder liberdade de ação aos seus cidadãos. Ele percebeu que cada ser humano, na perseguição de objetivos individuais de lucro, iria dedicar-se ao aproveitamento das oportunidades que tinha ao seu alcance para satisfazer as necessidades das outras pessoas. Assim, um empreendedor iria criar sucessivamente novas unidades produtivas sempre que percebia a oportunidade de produzir algo que iria trazer, simultaneamente, benefícios para si e para a restante comunidade. Adam Smith salientou a importância da liberdade individual para que uma sociedade possa ser produtiva. E explicou como o fomento das regras que garantem a liberdade de ação podem conduzir à prosperidade.

A ação da "mão invisível" depende diretamente das regras sobre as quais a sociedade aceita evoluir. Cada empreendedor vai tentar produzir os bens de que a restante sociedade necessita com o objetivo de fazer a venda desses produtos ao preço mais alto possível. O lucro máximo fica assim definido como a diferença entre o preço que os restantes membros da sociedade estão dispostos a pagar pelo produto e o custo de produção que o empreendedor tem de suportar para produzir aqueles bens ou serviços. Daqui resultam duas consequências. Primeiro, o preço máximo ao qual o produtor pode vender os seus bens ou serviços é sempre definido pela procura que lhe é dirigida pelos restantes membros da sociedade. Se o vendedor pedir um preço de troca acima do que a sociedade está disposta a pagar, ele não vai conseguir vender a sua produção. Segundo, a dimensão do lucro sinaliza a todos os membros da sociedade quais são as atividades mais valorizadas. Assim, por exemplo, se a produção de energia elétrica é uma atividade muito lucrativa, então a sociedade necessita que mais pessoas se dediquem a esta atividade para que aumentem as quantidades disponíveis para todos, e estas sejam comercializadas a um preço mais baixo. Esta ação será crescente até que as quantidades disponíveis do bem sejam tão altas quanto possível, e o seu preço seja tão baixo quanto possível. Inevitavelmente, esta realidade significa que a comercialização daquele produto atinge uma situação de lucro nulo e a sociedade é capaz de maximizar o salário de todos as pessoas que participam naquela atividade produtiva, empregadores e empregados, garantindo a máxima prosperidade global que é possível obter com a tecnologia e recursos disponíveis.

O conceito de produtividade adquire assim três formas diferentes.

Vamos considerar primeiro o caso do empreendedor. O produtor considera que a sua atividade é produtiva se lhe permitir gerar um valor elevado de lucro. A pessoa criou um valor de uso igual ao custo de produção do bem mas pretende obter um ganho adicional para si ao trocá-lo por um valor muito superior. O lucro obtido na venda da sua produção vai permitir-lhe adquirir o maior número possível de bens produzidos pelos restantes membros da comunidade. Para o empreendedor, ele é tanto mais produtivo quanto maior a sua capacidade para ser monopolista na venda do seu produto à sociedade.

Em segundo lugar, temos de considerar a noção de produtividade na ótica do empregado. Os esforços de trabalho desenvolvidos pelo empregado proporcionam-lhe um salário. Com este salário, a pessoa vai satisfazer as suas necessidades de consumo e, tal como o menino de Adam Smith que atou o cordel entre a caldeira e o cilindro, também este indivíduo ambiciona ter mais tempo livre para si. Na ótica do empregado, a sua produtividade é tanto maior quanto as grandezas simultâneas de salário e tempo livre ao seu dispor. É importante notar que este sentir se estende ao próprio empregador, que é sempre empregado de si próprio.

Em terceiro lugar, identificamos a produtividade da sociedade. A sociedade é produtiva quando é capaz de gerar os mais elevados níveis de bem-estar para todos, utilizando a menor quantidade dos recursos disponíveis que for possível. Isso significa que a sociedade é produtiva quando produz o maior número de bens e serviços possível, ao preço mais baixo possível, fazendo com que as pessoas trabalhem o menor tempo possível. Isso significa necessariamente que uma sociedade maximiza a sua produtividade quando o lucro dos bens e serviços comercializados é nulo e as pessoas vivem permanentemente em pleno emprego.

Ao longo dos séculos, a partilha do conhecimento permitiu-nos evoluir para uma situação de crescente especialização da atividade humana. A simultaneidade entre os, cada vez maiores, níveis de especialização e partilha de *"know-how"*, fizeram com que uma percentagem cada vez menor da população se possa dedicar à agricultura – e seja suficiente para garantir a alimentação de toda a comunidade. Primeiro, foi possível substituir a enxada pela charrua. Depois, conseguimos substituir a charrua pelo trator. Na mesma linha de raciocínio, para garantir que temos ao nosso dispor os bens materiais de que precisamos, é hoje necessária uma cada vez menor proporção de pessoas afetas à atividade industrial. Deste modo, o número crescente de pessoas disponíveis que existe na população ativa acaba por se dedicar às atividades de serviços. A prestação de serviços é o expoente máximo do foco da atividade económica na produção de bem-estar para os restantes membros da sociedade e o desenvolvimento das atividades de entretenimento foi adquirindo uma importância crescente. A construção de uma sociedade próspera assenta na capacidade individual que cada ser humano tem para colocar os seus conhecimentos e talentos ao serviço da comunidade.

Mas este entendimento do virtuoso funcionamento coletivo de uma sociedade não encontra bases fortes na nossa racionalidade individual. Como seres humanos, por causa de utilizarmos o dinheiro para facilitar as trocas, confundimos facilmente os conceitos de valor de uso e valor de troca. A título individual, e fruto da nossa menor capacidade para aprofundar o raciocínio, registamos comportamentos oportunistas negativos, os quais conduzem toda a população a viver pior se replicados pelos restantes membros da sociedade. O empregador tende muitas vezes a procurar criar condições para ser monopolista. O empregado tende para a adoção de atitudes de *"social loafing"*; ou seja, aproveita a sua circunstância de estar inserido num grupo de trabalho para reduzir os seus esforços produtivos. E é ainda frequente verificarmos comportamentos individuais que visam salientar o poder de uma fração da sociedade sob a restante. Existem vários exemplos da pressão que é exercida sobre os governos de cada país para a criação de regras que favoreçam interesses setoriais da sociedade. Por um lado, desenvolvem-se ações para criar barreiras à entrada da concorrência numa determinada atividade económica. Alguns exemplos de atropelos ao livre funcionamento do mercado são o uso de barreiras alfandegárias, a obrigatoriedade da obtenção prévia de licenças formais, a obrigatoriedade de reunir um extenso número de requisitos para poder exercer uma atividade económica, a definição de um número máximo de vagas de entrada nas universidades para aprender determinados cursos, etc, etc, etc. Por outro lado, fazem-se manifestações, greves, e uso de todos os meios imagináveis para conseguir salvaguardar os mais elevados salários, trabalhando o menos possível. Recorre-se a uma extensa panóplia de expedientes que permitam fazer prevalecer a força de um indivíduo, ou de uma fração da sociedade, sobre os restantes membros da comunidade. Entramos em competição. Focamos a extensão das consequências das nossas ações no muito curto prazo. Não somos capazes de avaliar devidamente as reações que se irão seguir, nem as consequências globais para o nosso bem-estar individual. Há uma tendência comportamental para nos deixarmos condicionar pela nossa limitada racionalidade, ao mesmo tempo que percebemos que, à semelhança do acontece no xadrez, é através do exercício alternado de cada jogada que temos de procurar conseguir uma posição de vantagem no tabuleiro. E, no nosso caso, lamentavelmente, cada jogada tem sido perpetrada através da tentativa de manipulação das regras do jogo.

Tal como no xadrez, também na Economia, o recurso a modelos matemáticos destina-se unicamente à materialização de ideias simples que tentam representar a verdade dos factos e avaliar possibilidades de ação. Um dos modelos económicos mais singelos, e interessantes, que ajuda a compreender porque razão a sociedade atinge determinados níveis de produtividade consoante as suas regras de funcionamento, foi divulgado por Timothy Besley e Maitreesh Ghatak, em 2010. Os autores desenvolveram um modelo económico, que é uma pacata tradução da realidade para funções matemáticas, e permite uma explicação expedita dos principais determinantes dos níveis de produtividade que uma sociedade consegue atingir.

O modelo desenvolvido pelos dois autores assenta em quatro pressupostos base: 1) assume que as pessoas valorizam positivamente as capacidades de consumo e lazer; 2) assume que a sociedade é constituída por um indivíduo produtor e por um indivíduo não produtor; 3) assume que o indivíduo produtor possui uma propriedade da qual consegue extrair um bem de consumo através do seu esforço de trabalho; e 4) assume que a quantidade de bens produzidos pelo produtor, por hora de trabalho, é decrescente no tempo – ou seja, o rendimento do trabalho diminui com a quantidade de horas de trabalho desenvolvido, devido ao efeito do cansaço. Importa, pois, habilitar o modelo de uma evolução dinâmica e entender os seus efeitos.

Considerando a existência de um cansaço crescente à medida que a pessoa aumenta a sua dedicação ao trabalho, é facilmente percetível que existe uma quantidade ótima de trabalho que permite que o produtor obtenha uma determinada quantidade do bem que produz e uma dada dotação de tempo livre, que ele também valoriza. Esta combinação ótima de trabalho e lazer é aquela que maior satisfação traz ao produtor.

No entanto, o outro indivíduo desta sociedade-modelo, que está desprovido de meios de produção, também precisa de consumir o bem. E esta necessidade tem consequências para o funcionamento da sociedade. Assim, uma parte da produção total, fruto do trabalho do produtor, é expropriada de alguma forma pelo indivíduo não produtor. Esta forma de expropriação pode ser fruto de pressões sociais para que o produtor faça um donativo, pode ser através do recurso ao uso de impostos, ou através de roubo, puro e simples. Qualquer que seja a forma de expropriação verificada, o resultado final é que o produtor fica com uma menor quantidade do bem disponível para si, sem conseguir, como contrapartida, qualquer aumento do seu tempo livre. Deste modo, o nível de produção ótimo do produtor reduz-se. Este passa a dedicar uma menor proporção do seu tempo à produção do bem e a dedicar uma maior parte do seu tempo às suas atividades de lazer. A Economia usa assim um modelo matemático simples para provar algo que até é bastante intuitivo: quanto maior o nível de expropriação a que o resultado do esforço de trabalho estiver sujeito, menor será o empenho das pessoas na produção de um determinado bem. A sociedade é tanto mais produtiva quanto a sua capacidade para atender às necessidades de todos os seus membros, sem exceção.

Este facto explica a importância do desenvolvimento da salvaguarda dos direitos de propriedade privada para a prosperidade económica. O indivíduo produtor vai ser tanto mais empenhado quanto a garantia que tem de que os seus esforços de trabalho serão devidamente recompensados. No entanto, ele não está sozinho na sociedade e esta situação força o detentor dos meios de produção a considerar algumas possibilidades. Estas possibilidades serão tanto mais alargadas quanto maior o número de indivíduos que existir na sociedade e que estejam desprovidos de meios de produção daquele bem. Por um lado, para minimizar o efeito da expropriação, o produtor pode contratar algumas pessoas para guardar o resultado da sua produção, partilhando elas parte do rendimento do seu trabalho, pagando pelo serviço de proteção e controlando o fator de expropriação a que está sujeito. Por outro lado, o produtor pode procurar aumentar a sua produção recorrendo ao trabalho do indivíduo que não é possuidor de meios de produção, mas que o pode ajudar a produzir mais, no mesmo período de tempo. Deste modo, a produção total conseguida pela sociedade pode ser distribuída por todos os seus membros, que partilham entre si o esforço de trabalho e utilizam de forma mais racional os recursos humanos, e materiais, ao seu dispor.

Neste último caso, o indivíduo que não tem propriedades materiais também vai avaliar a possibilidade de dedicar tempo e esforço ao trabalho proposto pelo produtor, detentor da propriedade privada. A pessoa pondera a possibilidade de vir a ser parte integrante no processo de produção com direito a uma parte do rendimento total do seu trabalho. Este trabalhador também fica cansado. E, também ele valoriza positivamente o seu tempo de lazer. Este indivíduo, empregado do produtor, tem consciência do que é capaz de produzir. Assim, se uma parte significativa do rendimento do seu trabalho fica na posse do seu patrão, então o esforço ótimo do indivíduo é reduzido. Sucede exatamente o mesmo raciocínio intuitivo que acontece ao produtor quando este é expropriado dos seus bens: um empregado é tanto mais produtivo quanto menor é o valor da sua produção que é expropriado pela sua entidade patronal. Por outras palavras, uma pessoa que trabalha por conta de outrem vai ser tanto mais produtiva quanto mais próximo estiver o seu salário do valor do bem ou serviço que o indivíduo produz, e que fica primeiramente na posse da sua entidade patronal.

A produtividade da sociedade depende, portanto, da salvaguarda de um conjunto de regras globais que funcionam em dependente articulação. Os efeitos desta articulação são positivos quando o alargar da sua aplicação, a todos os membros da sociedade, permite obter o mais elevado nível de bem-estar que é possível atingir. No entanto, sempre que o comportamento oportunista negativo se manifesta, os efeitos desta articulação provocam a decadência dos níveis de bem-estar da sociedade. A sociedade só se torna verdadeiramente produtiva quando aprende a inibir o comportamento oportunista negativo ao mesmo tempo que estimula o comportamento oportunista positivo.

Tal como faz o excelente jogador de xadrez, o sucesso da sociedade exige uma profundidade no raciocínio que se estende para além do curto prazo, sem descurar que, no imediato, temos de estar atentos à jogada do adversário. É por isso crucial perceber de que modo um determinado encadeamento de situações de ação-reação vai determinar o comportamento de todos os membros da sociedade, sem exceção.

Prosseguindo com o modelo simples empregador-empregado, vamos definir que o empregador é a entidade que determina quais as regras de funcionamento da sua empresa, às quais todos os empregados têm de obedecer. As regras são definidas pelo empregador no sentido de obter a máxima produtividade possível. Suponhamos que o empregador pretende erradicar todo o tipo de erros cometidos pelos empregados porque os erros resultam num aumento do custo de produção suportado pela sua empresa. Suponhamos também que o custo de um erro é tanto maior quanto mais tardia for a sua deteção. Por último, suponhamos que os salários a pagar aos funcionários têm um valor fixo. Então, atendendo a estes três pressupostos, dado que o preço de venda é definido pelo mercado, ou seja, pelo valor máximo ao qual o produtor percebe que pode vender a produção aos seus clientes, e os custos de produção estão perfeitamente definidos, os erros cometidos pelos empregados são vistos pelo empregador como uma redução imediata do seu lucro potencial. Uma vez que que o empregador pretende eliminar ou reduzir a ocorrência de erros, tanto quanto lhe for possível, ele precisa de detetar a existência de erros com a maior brevidade.

O cenário acima proposto tem uma proximidade efetiva com a real necessidade das empresas na deteção precoce da ocorrência de erros de produção. Neste contexto, o empregador pode definir dois tipos diferentes de sistemas de regras para atingir esse objetivo: um sistema baseado no uso da penalidade ou um sistema baseado no uso da recompensa. O sistema baseado na penalidade assenta na perceção que o legislador tem sobre o efeito do medo na tomada de decisão. O ser humano está disposto a pagar mais do que o necessário para evitar a possibilidade de uma perda maior. Por outro lado, o sistema baseado na recompensa fundamenta-se no entendimento de que a pessoa é avessa ao risco. O ser humano prefere ter um ganho certo ao incerto. A eficácia dos dois sistemas na condução das escolhas comportamentais de cada indivíduo está assim sob análise.

Começando com um sistema de regras baseado na penalidade, o empregador pode definir que não admite mais de três erros num determinado período de tempo. A regra pode ser assim definida: "Se acontecerem mais de três erros durante um mês, o empregado será despedido com justa causa". O legislador procura obrigar o funcionário a estar atento aos erros, evitando-os a todo o custo. Com a adoção deste tipo de regras o legislador mostra que abomina o erro e busca a produtividade. No entanto, esta regra induz cada funcionário que comete um erro a esconder a falha da entidade patronal para evitar ser despedido após o terceiro erro, seja por processos de ocultação, seja através da imputação da culpa a outrem. Outra consequência desta regra para a entidade patronal é que esta obriga-se, a si própria, a criar mecanismos de deteção de erros, os quais resultam sempre num acréscimo de custos. Para ser eficaz, o sistema baseado na penalidade exige obediência total do funcionário às regras implementadas pelo legislador. No entanto, devido à resposta que inevitavelmente recebe por parte dos visados pelas regras, a sua eficácia é necessariamente limitada pela capacidade de fiscalização que a entidade patronal for capaz de edificar. O sistema regulatório, baseado na penalidade, fundamenta-se no medo. No medo que o legislador tem que os erros aconteçam e no medo que o legislador procura impor nos alvos das regras quanto às consequências do seu incumprimento. Este sistema, por si só, não estimula comportamentos oportunistas positivos. E é bastante falível no que à inibição de comportamentos oportunistas negativos diz respeito.

Uma outra abordagem, ao alcance do legislador para estimular os seus empregados à erradicação de erros, consiste em oferecer uma recompensa por cada erro reportado à entidade patronal. A regra pode ser assim definida: "Por cada erro identificado pelo funcionário que o cometeu, a empresa pagar-lhe-á dez euros". Esta regra permite ao empregador detetar os erros tão precocemente quanto é possível e não necessita de um feroz sistema de fiscalização para ser bem sucedido. Mas o empregador está a atuar pela positiva, confiante que os seus empregados tudo fazem para evitar os erros, embora ciente de que os erros acontecem. Esta regra não é intuitiva. Aparentemente, a criação de uma regra que compensa o erro, ao invés de promover a sua erradicação vai antes promover a sua proliferação. Nesta situação, o funcionário tem agora um incentivo claro para comunicar à entidade patronal cada erro que cometeu, tão brevemente quanto lhe for possível. Percebemos claramente que, se o funcionário resolver atuar pela negativa, ele vai fazer erros propositados para receber dez euros adicionais por cada um. Agora, depois de compensar os seus funcionários pelo comportamento oportunista positivo de identificação precoce do erro, o empregador pode criar a segunda regra, que o salvaguarda para a possibilidade de estes tentarem aproveitar-se da sua boa vontade ao criar a primeira regra. Esta segunda regra é a seguinte: "O funcionário que tiver mais de três erros durante um mês, pode ser despedido com justa causa". Esta é a mesma regra do sistema baseado na penalidade e, à primeira vista, parece que irá ter o mesmo resultado final. Um empregado que quer maximizar a sua rentabilidade tem agora um estímulo claro para dar três erros no mês, receber os trinta euros e, a partir daí, esconder os seus erros. Uma vez mais, parece que a empresa que adotar o sistema baseado na recompensa só pode ficar pior. Por isso, a postura positiva do legislador exige a definição de uma terceira regra: "O funcionário que não tiver erros durante o mês receberá quarenta euros". Xeque-mate. Agora, todos os funcionários da empresa têm um estímulo real e consistente para evitar os erros, denunciando-os à sua entidade patronal logo que os detetam. Ganham mais dez euros por cada erro detetado. Ganham mais quarenta euros mensais se trabalharem sem erros. Neste exemplo, apenas o quarto erro terá sempre tendência para ser escondido pelos empregados. A criação de um sistema regulatório baseado na recompensa é o mais eficaz para obter os dois objetivos, de inibição do comportamento oportunista negativo e estímulo do comportamento oportunista positivo. Os membros desta comunidade adquirem o hábito de agir pela positiva, não porque a fiscalização a isso os obriga, mas sim porque sabem que todos têm uma razão positiva para tal. Então, os membros desta sociedade aprendem a confiar uns nos outros.

Bases dos sistemas regulatórios:
Penalidade versus Recompensa

Penalidade:
1º "Se acontecerem mais de três erros durante um mês, o empregado será despedido com justa causa"

Recompensa:
1º "Por cada erro identificado pelo funcionário que o cometeu, a empresa pagar-lhe-á dez euros"
2º "O funcionário que tiver mais de três erros durante um mês pode ser despedido com justa causa"
3º "O funcionário que não tiver erros durante o mês receberá quarenta euros"

Nota: Exemplo de conjuntos de regras possíveis para a deteção precoce de erros de produção e sua correção.

Habitualmente, as sociedades humanas impõem aos seus membros sistemas regulatórios baseados no medo. Criam-se mecanismos que dificultam o comportamento oportunista positivo e se traduzem no desenvolvimento de enormes burocracias inibidoras. O medo, por vezes, atrapalha muito. Em 1981, Oliver Williamson, prémio Nobel da Economia em 2009, reconheceu que a criação de estruturas de governo e mediação das práticas de trocas comerciais de bens e serviços era necessária para harmonizar as relações económicas entre as partes. A edificação de regras inibidoras do comportamento oportunista negativo foi então identificada como uma necessidade das sociedades produtivas. Mais tarde, em 1994, no relatório anual da famosa empresa americana General Electric, Jack Welch, o presidente do concelho de administração da empresa à data, queixou-se que tinha sido possível identificar documentos onde foram necessárias dez assinaturas para que uma ação pudesse ter tido lugar. Tinha sido criada uma enorme burocracia inibidora! Na maioria destas situações, o legislador não consegue ter consciência do leque global das consequências inerentes ao forçar de uma determinada regra. Na mesma linha de raciocínio, um banco de jardim deixa de ser utilizado... E os chimpanzés acabam a bater uns nos outros sem conseguirem explicar porquê!

Quando se procura implementar sistemas regulatórios baseados na recompensa, a dificuldade aumenta muito para o legislador. A utilização do poder em sentido negativo é relativamente mais fácil, e provável, porque é uma expressão do medo. É uma reação emocional. E sabemos que as emoções assolam a nossa mente antes da razão. Por seu turno, a atuação em sentido positivo exige maior esforço e pensamento racional do legislador. É mais exigente na profundidade do raciocínio que requer e ainda se depara frequentemente com o descontentamento daqueles que ainda não conseguiram compreender a forma integrada como as regras operam entre si. A implementação de sistemas regulatórios baseados na recompensa é uma expressão da coragem do legislador.

É importante salientar que as três regras acima identificadas, às quais o legislador recorreu para criar um sistema regulatório baseado na recompensa, só fazem sentido quando utilizadas em conjunto. Também é fundamental sublinhar que cada regra foi sendo criada sequencialmente, depois de percebida a resposta devolvida pelo comportamento oportunista negativo que as primeira e segunda regra estimulavam. No entanto, as escolhas do legislador foram sendo sempre norteados pela recompensa do comportamento oportunista positivo. A sociedade que alicerça as suas regras em sistemas baseados na recompensa é uma sociedade mais produtiva porque consegue atingir níveis mais elevados de produção de bens e serviços, com um custo inferior. É este aprofundar do nosso raciocínio na identificação das possíveis sequências de ação-reação que conduz à consolidação do desenvolvimento económico e social.

O recurso ao uso de regras totalmente aceites é fundamental para o sucesso da humanidade. Tem sido através do desenvolvimento de leis virtuosas que o progresso económico acontece. As leis boas, honestas, justas, e nobres, que trazem bem-estar a toda a sociedade, precisam de ser confiáveis. Para serem confiáveis, as regras de funcionamento da sociedade não podem estar em constante mudança consoante a fação que as resolve alterar. Tal como no xadrez, as regras devem ser as mesmas para todos e cada pessoa tem de poder escolher livremente como faz as suas jogadas de acordo com as regras instituídas. A aceitação prévia das regras que servem os interesses de todos é crucial. Mas só será possível existir uma aceitação universal das regras quando todos compreendermos porque devemos jogar o jogo dessa forma. As leis virtuosas, que otimizam a produtividade da sociedade, só serão aceites à escala global quando forem capazes de exercer um controlo efetivo sobre as reações emocionais desencadeadas pelo medo. E só então a sociedade maximiza o seu potencial produtivo.

Esta página foi deliberadamente deixada em branco.

Medo da perda

Os efeitos do medo no processo de tomada de decisão dos jogadores de xadrez são colocados a nu pelo jogo. Particularmente, existem dois tipos de xeque-mate que o estudante de xadrez aprende quando dá os primeiros passos no jogo: o mate das *"épaulettes"* e o mate do "abafado". Sucintamente, o mate das *"épaulettes"* consiste em aproveitar o facto de o adversário ter tanto medo de perder o rei que o tenta proteger, de ambos os lados, com as duas torres. As torres funcionam assim como ombreiras destinadas a proteger o rei. No entanto, quando se encontra sob ameaça, o posicionamento das torres retira, ao rei, mobilidade e opções de fuga. E o adversário tira partido desta situação criando o xeque-mate. Por seu turno, o mate do "abafado" fundamenta-se no mesmo conceito. Provoca-se a situação de xeque-mate através do aproveitamento de uma situação idêntica, em que o nosso adversário tem tanto medo de perder o rei que o vai rodear de um grande número de peças da sua cor, mas estas acabam por retirar ao rei qualquer possibilidade de fuga perante o nosso ataque à sua posição atual. O medo retira discernimento ao ser humano.

O nosso comportamento em sociedade é idêntico. Em primeiro lugar, protegemos tanto o nosso rei que descuramos outras peças-chave. Em segundo lugar, habitualmente, não somos capazes de utilizar todo o potencial de valor que têm as peças de que dispomos. Por último, colocamo-nos à mercê de um xeque-mate ainda antes de o adversário constituir um perigo efetivo para o nosso rei. Temos tanto medo da guerra, da fome, da doença, do caos financeiro, da perda salarial, e de tantas outras situações desagradáveis que acabamos por criar condições para que sejam uma realidade. Tal como acontece com o jogador de xadrez bem sucedido, controlar o medo é um imperativo para uma sociedade feliz que aproveita todo o seu potencial.

A nossa sociedade global está organizada em torno de quatro grandes pilares: as famílias, as empresas, o governo, e o sistema financeiro. De um modo geral, as empresas, o governo, e o sistema financeiro existem para criar as necessárias condições de produção, segurança e comércio que permitam que as famílias vivam tão bem quanto possível. Já percebemos que a produtividade de uma sociedade decorre daquilo que é capaz de dar a si própria. Assim sendo, partindo do pressuposto que a humanidade pretende salvaguardar as melhores condições de vida para todos os seus membros, então porque razão não se garante o pleno emprego a toda a população?

A questão torna-se particularmente sensível quando percebemos que é algo bastante fácil de se conseguir. Com efeito, podemos empregar todas as pessoas com capacidade para trabalhar desde que o queiramos fazer. As soluções podem passar por reduzir o horário de trabalho, aumentar a duração dos períodos de férias, reformar as pessoas mais cedo, uma combinação das três anteriores, ou outro manancial de possíveis soluções que permitam atingir esse objetivo virtuoso.

Sabemos que o medo da perda assume prioridade no processo de decisão e também sabemos que a sua intensidade é temível. Logo, a sociedade tem uma necessidade efetiva de entender quais são os medos que se manifestam na tomada de decisão individual e que condicionam os níveis de bem-estar coletivos que consegue atingir.

No século XVIII, nos primórdios do desenvolvimento da teoria económica clássica, muito alicerçada na confiança sobre o sucesso da "mão invisível" de Adam Smith, e nas ideias de *"laissez faire, laissez passer"* de

Jacques Turgot, a sociedade global consolidou o seu funcionamento em torno da defesa da propriedade privada e do estímulo ao empreendedorismo. Em termos genéricos, esta teoria económica preconiza que a liberdade de atuação no mercado por parte dos empreendedores irá resultar na criação de cada vez mais empresas. Estas, por sua vez, vão originar a criação de mais postos de trabalho. É assim induzida a melhoria das condições de compra da generalidade da população e, por conseguinte, melhoram as condições de vida de toda a sociedade. No entanto, quando estes pilares são edificados na sociedade, as pessoas desenvolvem os mais variados comportamentos oportunistas, positivos e negativos. E o medo exprime a sua força.

Em 1936, no seu livro " A teoria geral do emprego, juros e dinheiro", John Maynard Keynes explicou dois conceitos fundamentais da sociedade atual: 1) porque razão existe desemprego involuntário numa economia; e 2) porque razão as pessoas detêm dinheiro na sua posse.

O autor explicou que o desemprego involuntário na economia é uma inevitabilidade na sociedade atual. De acordo com a teoria clássica, com base no desenvolvimento dos comportamentos oportunistas positivos, a contínua atividade dos empreendedores na exploração das oportunidades de negócio lucrativo constitui um processo natural de redução progressiva do lucro dos mais variados setores económicos, ao mesmo tempo que se progride no sentido do emprego total da população ativa. Mas, à medida que cada vez mais pessoas estão empregadas, maior é o salário exigido pelos empregados que é pago pelos empregadores. O lucro dos empregadores vai sendo cada vez menor. Assim, a sua propensão para continuar a investir também diminui, uma vez que se reduzem as oportunidades lucrativas identificadas no mercado. Quando o medo quanto à incerteza futura atinge os empreendedores e a rentabilidade estimada dos empreendimentos deixa de ser atrativa, as pessoas retraem as suas intenções de investimento e a situação de pleno emprego dificilmente é atingida.

Keynes também explicou que os indivíduos detêm dinheiro por três motivos diferentes: 1) pelo motivo de transação, para trocarem entre si os bens que produzem; 2) pelo motivo precaução, para fazer face à incerteza que o futuro encerra; e 3) pelo motivo especulação, porque julgam estar melhor preparados que o mercado para tirar vantagem de uma determinada circunstância.

O economista verificou, empiricamente, que as pessoas aumentam a proporção da sua poupança quando o seu rendimento aumenta, detendo uma quantidade proporcionalmente maior do seu rendimento para fazer face à incerteza que o futuro representa. Deste modo, a proporção do rendimento que é consumido vai baixando à medida que a percentagem de pessoas empregadas aumenta na sociedade. Como consequência, algumas empresas deixam de conseguir vender toda a sua produção e são forçadas a despedir funcionários ou a reduzir salários. Estas duas soluções são firmemente rejeitadas pelos trabalhadores pois, de facto, constituem uma pioria das suas condições de vida. Mas esta rejeição só agudiza a resposta dos empregadores. Por conseguinte, nas atuais regras de funcionamento da sociedade global, a situação de pleno-emprego será sempre um nível de bem-estar que a sociedade raramente atinge mas, se o conseguir, a situação será, inevitavelmente, efémera.

Estamos em condições de identificar alguns medos que condicionam a capacidade da sociedade para atingir níveis de bem-estar mais elevados. São o medo da perda de lucro e o medo da perda salarial. Mas estes dois medos são emoções detetadas em resultado da exclusiva interação entre empregadores e empregados. São estimulados pelo funcionamento do ambiente institucional em que as pessoas se encontram. Mas, a sociedade também é composta pelos membros do governo e do sistema financeiro, e as ações, de empregadores e empregados, têm consequências diretas nos processos de tomada de decisão de governantes e banqueiros.

Tanto o governo, como o sistema financeiro, são peças chaves para que a sociedade humana possa ganhar o jogo. O governo pode definir as regras que estimulam o comportamento oportunista positivo, inibem o comportamento oportunista negativo e determinam a melhoria, ou pioria, das condições de vida das populações. O sistema financeiro, além de ser crucial como elemento facilitador das trocas de bens e serviços, quer através do fornecimento dos serviços de meios de pagamento, quer por meio da abertura de linhas de crédito ao investimento, também é decisivo para incentivar a iniciativa privada daqueles que não têm meios produtivos e pretendem adquiri-los a outros produtores que estejam a fazer um menor aproveitamento dos meios de produção de que dispõem. Assim, os bancos, quando concedem crédito, destinado à instalação de novas unidades produtivas, estão a ser determinantes para o fomento da concorrência entre os empreendedores. E estão também a dar um contributo fundamental para que a sociedade possa dispor de uma quantidade maior de bens, a preços mais baixos. Importa pois compreender quais são os medos que afetam estes agentes económicos e que os impede de se erguer para garantir a criação de uma sociedade que viva permanentemente em pleno-emprego.

Depois de Keynes ter demonstrado que, nas atuais de regras de funcionamento, o setor privado da economia nunca poderia garantir em permanência a situação de pleno-emprego, a sociedade adquiriu uma aceitação geral que caberia ao setor público assumir essa função. Ao longo do século XX, dos mais variados modos, mas de forma generalizada à escala global, a sociedade humana foi desenvolvendo modelos institucionais visando a manutenção do rendimento de todos os membros da sociedade. Em consequência, os governos começaram a determinar regras relativamente rígidas para impedir que os despedimentos possam surgir, para prevenir que os salários se possam reduzir, e para garantir que as pessoas têm emprego, nem que seja na função pública. O setor público foi-se assumindo como determinante para o sucesso da iniciativa privada. Por um lado, o governo assegura a criação de infraestruturas cruciais para o desenvolvimento do empreendedorismo. A criação de centrais elétricas, o desenvolvimento e generalização das comunicações, e a dinamização dos meios de transporte, são alguns exemplos virtuosos do contributo do setor público para o sucesso do setor privado. Por outro lado, o governo assegura o poder de compra de uma parte da população, a qual é dirigida aos produtos produzidos pelas empresas privadas. Mas o governo tem também de garantir as suas receitas. Tem de fazer uma de duas coisas: 1) ou cobra pelos serviços que presta à comunidade – e então atua como se de uma empresa privada se tratasse; e 2) ou cobra impostos à população – que depois usa como bem entender para financiar as atividades sob sua responsabilidade. Muitas vezes, para evitar situações de aumento de impostos num determinado momento, e com a intenção de diferir essa inevitabilidade para o futuro, os governos dos mais diversos países optam por contrair dívida junto da banca privada. Ficam assim criadas as condições para que a raiz do medo possa florescer.

Caso um governo queira garantir, permanentemente, a situação de pleno-emprego à sua população, esta terá de ser assegurada pelo setor privado ou pelo setor público. Se for assegurada pelo setor público, então, quando a sociedade atinge o pleno-emprego e as pessoas começam a poupar proporcionalmente mais para fazer face à incerteza que o futuro encerra, reduzindo a procura agregada dirigida aos produtos das empresas privadas, o governo, forçosamente, terá que baixar os salários, reduzir o número de funcionários públicos ou aumentar ainda mais a cobrança de impostos. Em qualquer das situações o governo será contestado pela população. Por outro lado, conforme já percebemos, a produtividade de uma sociedade é tanto maior quanto menor o valor da produção da iniciativa privada que é expropriado. E qualquer aumento de impostos conduz necessariamente a uma menor produtividade da economia. Neste caso, apesar de ter consciência que a sociedade não é tão produtiva quanto pode ser na situação de pleno-emprego, o governo opta pela situação não-ótima, tentando que esta seja minimamente satisfatória para o maior número de pessoas possível, dadas as circunstâncias. Cumulativamente, a rigidez salarial, conjugada com a manutenção confortável dos postos de trabalho, estimula um menor esforço laboral da parte dos empregados sem que os empregadores tenham capacidade efetiva para inverter a situação. O medo da perda de produtividade conjuga-se com o medo da perda de popularidade e, juntos, induzem o governo a aceitar a existência de desemprego involuntário na sociedade.

No entanto, se o governo decretar a sociedade de pleno-emprego, quer seja exclusivamente garantido pelas empresas privadas, quer seja garantido pelas empresas privadas e pelas empresas do governo atuando como empresas privadas, então deixaria de fazer sentido a cobrança de impostos. Neste caso, cada serviço prestado por uma empresa pública teria o preço adequado, de acordo com o que o mercado permitir. O governo perderia a faculdade de cobrar os impostos que entender. E hoje, a maior parte dos governos do mundo tem uma dívida pública para com a banca privada de outros países. Assim, no curto prazo, o governo que optar pela otimização da produtividade da sua sociedade enfrenta três medos adicionais: 1) o medo da redundância fiscal, pois a cobrança de impostos deixa de fazer sentido e a perda de controlo sobre essa receita certa pode ser assustadora; 2) o medo de não conseguir fazer face ao serviço da dívida caso o público em geral opte pelos serviços de outras empresas privadas que não as do governo; e 3) o medo de ter de explicar estas possibilidades à sua população e não ser compreendido. Perante a força e intensidade destes medos, os governos da maioria dos países optam por não garantir o pleno-emprego às suas populações.

À semelhança dos governos, apesar de não ter uma participação ativa direta na produção de bens e serviços, também a ação do sistema financeiro é determinante para o progresso económico e social por três razões fundamentais. Primeiro, os bancos fornecem os meios de pagamento que permitem que as trocas de excedentes produtivos ocorram. Segundo, os bancos proporcionam o serviço de guarda de valores às poupanças daqueles que querem consumir no futuro uma parte dos rendimentos do presente. E terceiro, os bancos providenciam o crédito que permite que uma entidade privada se envolva na aquisição dos meios produtivos que necessita para desenvolver uma atividade económica. Tal como faz qualquer empresa de prestação de serviços, também os bancos trocam o seu produto pelos restantes bens e serviços produzidos na sociedade. Mas, para além da prestação de serviços, os bancos também produzem dinheiro. E são o único agente económico com poder para o fazer.

É o desenvolvimento harmonioso destas quatro peças da sociedade – famílias, empresas, governo e bancos – que conduz a sociedade ao sucesso. Contudo, a criação de regras institucionais que determinam a rigidez salarial, laboral, e fiscal, vão definir as escolhas possíveis para que os comportamentos oportunistas, positivos e negativos, possam ter lugar. Estes podem originar equilíbrios, ou desequilíbrios, económicos e sociais. É o resultado da interação destas escolhas que define o nível de bem-estar que qualquer sociedade consegue atingir.

No caso específico dos bancos, a produção de dinheiro constitui uma receita que não envolve qualquer troca comercial. Consequentemente, a regra de funcionamento institucional, que permite esta produção, vem introduzir um desequilíbrio no funcionamento da sociedade. E esta é uma receita de que os bancos não estão dispostos a prescindir. Por isso, é necessário perceber de que modo a criação de uma sociedade de pleno-emprego perturba a capacidade dos bancos para continuar a produzir dinheiro.

Suponhamos que a sociedade resolve criar uma dotação inicial fixa de dinheiro e que esta é entregue nas mãos de todos aqueles que são proprietários de meios produtivos. Suponhamos ainda que os bancos não podem criar dinheiro para conceder crédito. Os empregadores vão então utilizar este dinheiro para contratar trabalhadores, pagando-lhes um salário para o efeito. Os trabalhadores vão depositar este salário no banco e este cobra comissões em troca de fornecer os meios de pagamento, e o serviço de guarda de valores, aos seus clientes. Com estas comissões, o banco vai consumir os bens e serviços produzidos pelas empresas. Com o dinheiro do seu salário, os trabalhadores vão consumir os bens disponíveis na economia e poupam uma parte para consumo futuro. Por último, os bancos emprestam o dinheiro das poupanças dos trabalhadores aos empregadores que pretendem arrancar com novos negócios. No futuro, este dinheiro será devolvido pelos empresários, ficando o banco com uma comissão pelo serviço de intermediação financeira. Neste cenário, os bancos são uma empresa do setor privado que troca os seus serviços com as restantes empresas do setor privado. Nada perturba o funcionamento normal da sociedade enquanto os negócios financiados a crédito forem bem sucedidos e os devedores cumprirem com a restituição futura do valor das poupanças feitas pelos trabalhadores.

No cenário que se acaba de identificar, a criação de uma sociedade de pleno-emprego levanta diversos problemas fundamentais. Primeiro, se o empresário, ao invés de investir na criação de um novo negócio, utilizar as poupanças dos trabalhadores para consumir ele próprio, no presente, um valor que vai para além daquele que é o seu rendimento, então, no futuro, este empresário não será capaz de restituir o valor desta poupança se mantiver o mesmo padrão de consumo. O trabalhador é expropriado da sua poupança, é frustrado na sua expectativa e perde a confiança no setor financeiro. Neste caso, o medo da perda por parte do trabalhador levá-lo-á a evitar o depósito do seu salário no banco. A função positiva do banco para o funcionamento da sociedade perde eficácia. Segundo, perante o cenário de uma economia de pleno-emprego, e estando o empresário a considerar a possibilidade de arrancar com um novo negócio, a forma mais eficaz que tem ao seu alcance para captar os funcionários que precisa consiste em pagar-lhes um salário mais alto do que aquele que as pessoas já auferem a trabalhar para a concorrência. Atrair os bons funcionários da concorrência através do pagamento de uma remuneração mais elevada só pode ser feito à custa do sacrifício dos lucros do empresário investidor. E, neste caso, vão ser muito menores as oportunidades que um vulgar trabalhador deteta para se envolver no empreendedorismo. Por um lado, fecham-se as oportunidades de investimento lucrativo para os empresários. Por outro lado, os empresários têm consciência que as únicas formas ao seu alcance para segurar os empregados é através do recurso aos que estão na concorrência ou aumentando os salários pagos aos bons funcionários que já têm em casa. Os dois casos implicam a perda de lucro. O medo da perda de lucro por parte dos empresários, e o medo da perda de receita por parte dos banqueiros, fará com que ambos se oponham à criação de uma sociedade de pleno-emprego. Terceiro, os trabalhadores, cientes de que são os detentores dos meios produtivos aqueles que determinam, simultaneamente, o salário a pagar e o preço de venda dos produtos produzidos, percebem que a sociedade pode manter um nível médio de salários baixo ao mesmo tempo que impõe altos preços na compra dos produtos de que necessitam. Os trabalhadores têm, assim, de viver uma realidade de parcas condições de vida. Uma vez mais, neste cenário, o medo da perda salarial manifesta-se, e também os trabalhadores se erguem contra a implementação de uma sociedade de pleno-emprego.

Contudo, neste cenário que acabámos de ver, em que os bancos não podem criar dinheiro, há uma salvaguarda positiva que a sociedade tem. Estaremos perante uma situação em que cada família tem um determinado orçamento familiar para gastar nos produtos disponíveis. Cada empresário coloca os seus produtos à venda com o preço mais elevado que pode e tenta manter os salários dos seus trabalhadores tão baixos quanto possível. Assim, os empregadores jogam o jogo económico, de forma competitiva, e ficam para si com o maior valor possível que se pode retirar, de imediato, da produção total. Dado que os orçamentos familiares estão perfeitamente definidos, sempre que um empresário resolve aumentar o preço de venda dos seus produtos vai acontecer uma de duas coisas: ou o empresário não consegue vender; ou, sendo um bem de primeira necessidade, os outros empresários só vão conseguir vender as mesmas quantidades dos seus bens se baixarem o seu preço de venda. Quando os bancos não criam dinheiro, independentemente do nível dos salários pagos, a sociedade consegue sempre garantir que não existe inflação. Pode existir oscilação dos preços do cabaz de produtos disponível, mas não pode ocorrer uma subida generalizada dos preços. Quando os bancos não criam dinheiro, a inflação é erradicada.

Mas, ao contrário do que o cenário acima apresentado pressupôs, a verdade é que os bancos criam dinheiro. A criação de dinheiro por parte dos bancos proporciona-lhes um conjunto de faculdades importantes: 1) reduz, e até pode eliminar, a necessidade de pagar juro pelas poupanças dos trabalhadores – sejam eles empregadores ou empregados; 2) permite aos bancos serem sócios nos novos negócios; 3) permite aos bancos financiarem operações de crédito ao consumo; 4) permite aos bancos emprestar dinheiro aos governos; e 5) permite aos bancos criar inflação. A forma como uma sociedade de pleno-emprego pode afetar estes poderes é sempre uma preocupação do sistema financeiro.

Dado que os bancos podem criar dinheiro para emprestar aos empreendedores sempre que estes detetam uma boa oportunidade de negócio, os bancos têm um estímulo claro para não remunerar as poupanças dos trabalhadores. Como os bancos vão criar linhas de crédito com dinheiro novo, não têm de remunerar as poupanças dos trabalhadores e podem conceder empréstimos aos novos investimentos cobrando a taxa de juro que entenderem. Deste modo, a sociedade beneficia da possibilidade de financiar qualquer tipo de investimento que pareça lucrativo porque, por mais baixa que seja a rentabilidade esperada do negócio apresentado pelo empreendedor, ela só tem de ser ligeiramente maior que zero para que o negócio seja bom para o banco.

No entanto, a entrada de dinheiro novo, em circulação na economia, vai provocar um aumento dos preços. Cada família tem agora um pouco mais de dinheiro para gastar, mas o empreendedor ainda não produziu novos bens. A criação do dinheiro, através do crédito, leva a sociedade a sentir os efeitos da inflação, funcionando esta como um imposto se não for, de imediato, refletida nos salários dos trabalhadores. Mas os bancos também a sentem. Continuam a receber as mesmas receitas provenientes do serviços bancários e dos créditos concedidos anteriormente. Os bancos ficam assim dependentes de que os empresários sejam bem sucedidos e consigam trazer para o mercado mais produtos, a preços mais baixos, e com a maior brevidade possível. Caso os empresários não tenham sucesso no mercado, os bancos são forçados a subir as comissões e as taxas de juro, dos negócios em carteira, para garantir a sua subsistência. Numa sociedade de pleno-emprego, com os trabalhadores a manifestarem grande relutância quanto a eventuais perdas salariais, sempre que os negócios a crédito forem mal sucedidos, os empresários serão incapazes de restituir ao banco o capital criado quando da concessão do crédito, ficando o banco com o prejuízo inerente à inflação que foi criada numa primeira instância. Este perigo será atenuado se os empresários conseguirem viabilizar os seus negócios, mesmo que à custa de despedimentos, e se mantenham fiéis nos pagamentos das prestações, juros e comissões que o banco determina.

Em 2008, os professores, e economistas, Gary Gorton e Ping He explicaram que os ciclos de crédito bancário são uma importante parte autónoma constituinte dos ciclos económicos. Os autores mostraram que os bancos são uma atividade económica muito legislada. Os bancos atuam em concorrência entre si. A divulgação de informação financeira relativa à sua atividade ocorre amiúde e com grande detalhe. Deste modo, quando um banco sabe que a sua concorrência está a aumentar o volume de crédito concedido, e a fazê-lo com rentabilidade, então ele também o vai fazer. O volume de dinheiro em circulação aumenta na economia e a iniciativa privada é estimulada para a criação de novos negócios. No entanto, quando, num pequeno período de tempo, que se restringe, habitualmente, a um trimestre, os indicadores financeiros da performance bancária retraem-se e um determinado banco regista aumento do volume de crédito acompanhado de menor rentabilidade, então, os restantes bancos em atividade adotam um posicionamento de cautela e cessam a sua abertura para continuar a conceder crédito. Mas os bancos continuam a cobrar as prestações e juros dos créditos em curso. Nesta situação, retiram dinheiro da economia que não vai ser utilizado, nem por empresas, nem por empregados, na compra de novos bens e serviços. Algumas empresas são forçadas a falir e o desemprego aumenta. O ciclo económico negativo é assim inevitável. O funcionamento normal do atual sistema financeiro é, ele próprio, uma causa automática de crises económicas.

Com a criação de dinheiro novo, os bancos, tanto podem ser participantes no capital de um novo empreendimento, como podem, simplesmente, estimular indiretamente o surgimento dos novos negócios através da criação de dinheiro para o crédito ao consumo. Em qualquer dos casos, os bancos garantem para si uma fatia da produção da economia através da criação de novo dinheiro.

Quando o banco cria dinheiro através da abertura de uma linha de crédito para um determinado ramo de atividade, também financia a criação do novo negócio. Esta é, habitualmente, acompanhada da criação de novos postos de trabalho. Se o empreendimento é bem sucedido, então, capital e juros são restituídos ao banco, e os efeitos iniciais da inflação são ultrapassados pela sociedade por via da obtenção de mais bens e serviços, a preços mais baixos. Caso não seja ressarcido do crédito concedido, o banco vai obter judicialmente o controlo dos meios produtivos da empresa. Portanto, quer em caso de sucesso, quer em caso de insucesso da operação de concessão de crédito, o banco vai atuar sempre como se fosse um sócio da empresa. E é a criação de dinheiro para este efeito que lhe proporciona este poder.

Quando o banco cria uma linha de crédito para financiar o crédito ao consumo, ele vai aumentar o poder de compra do consumidor. O aumento da procura dos bens alvo da linha de crédito vai permitir às empresas vender estes bens a preços mais elevados. Assim, o lucro das empresas aumenta de imediato por via da abertura de linhas de crédito ao consumo. No entanto, no futuro, cabe ao trabalhador restituir capital e juros ao banco. Neste caso, é do total interesse do banco que a sociedade possa garantir o pleno-emprego pois o total cumprimento do reembolso de capital e juros fica sempre assegurado. Hoje, quando a sociedade não o faz e o trabalhador, empregado ou empregador, é despedido ou fica sem emprego, o banco consegue obter judicialmente a posse de bens ou rendimentos do trabalhador que entrou em incumprimento para ser ressarcido do crédito que concedeu. Uma vez mais, os bancos apropriam-se de bens materiais de outros membros da sociedade através do simples processo de criação de dinheiro novo.

Uma situação muito semelhante acontece quando os bancos criam dinheiro para financiar iniciativas públicas. Agora, os bancos garantem que uma parte significativa da produção da sociedade vai reverter para si sob a forma de impostos. Mas, se o governo garantir uma sociedade de pleno-emprego e se deixar de verificar uma necessidade efetiva de cobrança de impostos, então uma importante fonte de receitas para os bancos poderá ser comprometida. O medo da perda desta receita constitui mais um alicerce que, para eles, parece justificar a defesa da não implementação do pleno-emprego na sociedade global.

Por último, a possibilidade de criação de dinheiro a partir da realização de linhas de crédito, sendo geradora de inflação, coloca aos bancos um problema delicado. Por um lado, constitui uma receita da qual não pretendem prescindir. Por outro lado, ao criar dinheiro novo, os bancos cedem aos empresários a possibilidade de subirem generalizadamente o preço de venda dos seus produtos, fazendo com que os próprios bancos passem a viver pior. Como consequência adicional, o aumento do custo de vida leva todos os empregados a exigirem um aumento salarial às suas entidades patronais. Se estes aumentos forem concedidos, então podem anular a capacidade das empresas para devolverem, ao banco, capital e juros. O banco fica com um dilema para resolver.

Em 1958, o professor, e economista, William Phillips publicou um estudo baseado em dados empíricos da época, relatando que verificou uma relação negativa entre a inflação e o desemprego, e uma relação positiva entre o emprego e os salários. Concretamente, nos dados em análise, o autor observou que o desemprego diminuía quando a inflação aumentava e os salários aumentavam rapidamente quando o desemprego era baixo. Poucos anos depois, estes estudos estatísticos foram confirmados pelos economistas Paul Samuelson e Robert Solow. Assim, os bancos têm um medo justificado da implementação de uma economia de pleno-emprego na sociedade porque a inflação resulta como um imposto para eles. No entanto, em 2020 e 2021, estudos desenvolvidos por diversos economistas contemporâneos revelam que a relação detetada por Phillips não se verificou na generalidade das economias nas duas últimas décadas. Particularmente, no que concerne à economia dos Estados Unidos, a inflação esteve sob controlo desde 1990 apesar da atividade económica e níveis de desemprego terem flutuado, para cima e para baixo, ao longo do tempo. A inflação foi controlada através da manipulação das taxas de juro por parte do banco central.

Os bancos centrais têm hoje um poder absoluto sobre a sociedade. Este poder advém de duas fontes. Uma é a capacidade de criação de dinheiro, que lhes permite atribuir poder de compra de acordo com a sua vontade. A outra, é a possibilidade de aumentar e reduzir o dinheiro em circulação definindo os ritmos de atividade económica e bem-estar da sociedade. À primeira vista, na ótica da primeira jogada, a criação de uma sociedade de pleno-emprego parece colocar em perigo este poder que os bancos têm. E o medo de perder o poder, por si só, também assusta.

Identificámos alguns dos maiores medos da sociedade. Estes medos condicionam o exercício do poder. São aqueles que nos podem conduzir a perder o jogo, uma vez que fomentam comportamentos oportunistas negativos. O medo da perda de lucro, o medo da perda de produtividade, o medo da perda salarial, o medo da redundância fiscal, o medo da perda de popularidade, o medo da inflação, e o medo da perda de poder. Estes medos fomentam que a sociedade não seja tão produtiva e feliz quanto pode ser. São eles que nos levam a agir emocionalmente, a jogar o jogo económico através de processos de competição, e a procurar assegurar a maior fatia possível do rendimento total da sociedade no primeiro momento. Entregamo-nos precipitadamente a ações como greves e manifestações, subornos e tráfico de influências, ou guerras e chantagens, sempre com o sentido de tirar proveito próprio imediato em detrimento de uma outra fração da sociedade. No entanto, tal como a sociedade dos leões nos demonstrou, o medo da perda atrapalha, e a força

do poder não se mede pela capacidade de cobrar. A força
do poder mede-se pela capacidade de fazer.

Esta página foi deliberadamente deixada em branco.

Mate em 7

Na sociedade, tal como no xadrez, as decisões entre os dois jogadores são alternadas e ao comportamento oportunista positivo sucede-se a possibilidade de ocorrer o comportamento oportunista negativo. Para ganhar o jogo, a sociedade tem de saber, no seu íntimo mais profundo, que pode confiar nela própria. Para ganhar o jogo, a sociedade tem de garantir que a última jogada é efetuada pelo comportamento oportunista positivo, fazendo xeque-mate.

Quando permitimos que o medo comande o nosso processo decisório, definimos regras para controlo do comportamento individual baseadas na penalidade. A elaboração deste tipo de regra destina-se a fazer face a um objetivo imediato de impedir as pessoas de agir de determinado modo ou, em alternativa, a obedecer à instrução recebida, independentemente da sua vontade. No xadrez, é o equivalente a uma jogada pouco refletida e de cujas consequências só se antevê o que parece ser um benefício imediato. Surgem com frequência as "asneiras, os erros, e as imprecisões".

Quando estamos focados em jogar o melhor possível, vamos aprofundar a análise das possíveis consequências das nossas jogadas. Refletimos antes de agir. Chegamos muitas vezes à conclusão que podemos, e devemos, sacrificar a nossa Rainha para ganhar a partida. Dominamos inteiramente o nosso medo da perda. Descobrimos as jogadas "brilhantes" e fazemos com que sejam sucedidas por outras "excelentes e boas". Confiamos em nós.

Um exemplo estonteante, de quanto é difícil tomar as decisões corretas quando se pretende canalizar o comportamento dos restantes membros da sociedade no sentido positivo, foi dado por um pai perante as ações do seu filho. Numa tarde movimentada, em pleno centro comercial, depois de um pequeno de quatro anos de idade se atirar ao chão, a gritar, a espernear, e a fazer uma birra enorme e embaraçante, o pai reagiu imitando o pequeno! Fez exatamente o mesmo! A criança, quando viu o seu pai no chão, aos gritos e a remexer-se tal como ele estava a fazer, simplesmente parou com a sua birra, e ficou, pasmado, a olhar para ele.

O exemplo dado por este pai é absolutamente maravilhoso. Este homem disse ao seu filho que ele é a pessoa mais importante na Terra para si, independentemente de tudo o resto à volta deles. Este homem também disse ao seu filho que ele pode agir como quiser, mas o seu pai também é livre de reagir como entender. E ambos estarão a atuar perante a restante sociedade. A Psicologia explica que a razão provável pela qual a criança parou com a sua explosão de raiva foi porque se afastou mentalmente da reação emocional inicial para adotar um processo racional onde a dúvida se instalou na sua mente: "Que coisa estranha é esta que o meu pai está a fazer? Porque razão está o meu pai a portar-se desta maneira?".

Este exemplo proporciona uma base forte de como construir uma sociedade onde podemos confiar uns nos outros. Em primeiro lugar, a todo o momento, o comportamento do pai foi orientado pela positiva. O pai não teve medo do ridículo. O pai procurou encontrar a melhor solução para que o filho refletisse sobre o que estava a fazer, sem ser norteado pelo medo. O pai não procurou exigir obediência. O pai atuou com o foco no futuro. O pai acreditou que o filho iria aprender com a sua reação e daria a melhor resposta. O pai compreendeu que a melhor forma de controlar as birras do seu filho seria através da razão. O pai procurou fazer com que a criança percebesse que é ela quem tem de decidir "portar-se bem" em vez de ser o seu pai a obrigá-la a tal. Desde já, o pai procura construir uma base de confiança sólida no seu filho. Procura que, no futuro, o filho possa raciocinar sobre os seus impulsos emocionais antes de agir.

Neste caso, ao comportamento oportunista negativo da criança sucedeu-se o comportamento oportunista positivo do pai. A criação das condições para que o comportamento oportunista positivo seja dominante na nossa sociedade não é um processo intuitivo. Trata-se da implementação de um sistema baseado na recompensa, o qual, através de jogadas sucessivas, torna ineficaz qualquer vontade de adoção de comportamentos oportunistas negativos.

Vencer o jogo

Qualquer que seja a jogada de abertura, ela vai, desde logo, condicionar as respostas possíveis da parte do adversário. Por si só, a jogada de abertura nunca é determinante. Para se vencer o jogo, a abertura é importante, mas a posição das peças tem de ser bem consolidada com as jogadas seguintes.

#1 Decretar o pleno emprego

No xadrez, a primeira jogada destina-se a atingir três objetivos em simultâneo: dar início ao desenvolvimento das nossas peças; iniciar o controlo do centro do tabuleiro; e evitar a perda de peças valiosas. A abertura é crucial porque os primeiros movimentos dos jogadores ditam o ritmo que a partida vai tomar.

Para maximizar a produtividade, a primeira escolha da sociedade é garantir a propriedade privada. A Economia já demonstrou que o aumento dos processos de expropriação do resultado do esforço do trabalho conduz a uma diminuição da produtividade. A sociedade também já percebeu que é através do aumento da produção dos mais diversos bens e serviços que o bem-estar de todos é garantido através dos processos de troca. Por conseguinte, a garantia da propriedade privada constitui um incentivo ao empreendedorismo e é crucial para garantir o bem-estar de todos.

No entanto, o empreendedor torna-se ainda mais produtivo quando, simultaneamente, consegue recorrer ao trabalho adicional de outras pessoas, ao mesmo tempo que desfruta de um mercado cada vez maior para colocar toda a sua produção. Os efeitos positivos das economias de escala, para a grande maioria das atividades económicas, são amplamente reconhecidos. Os empreendedores perceberam, há muito tempo atrás, que o preço a que conseguem vender os seus produtos será tanto melhor quanto maior a procura que lhes é dirigida. É, pois, do interesse de cada monopolista que os seus potenciais clientes sejam em grande número, e que todos tenham um emprego. É nesta circunstância que o monopolista tem condições para maximizar um lucro cada vez maior.

A conjugação da proteção da propriedade privada com a existência de pleno-emprego proporciona as condições ótimas para maximizar a produtividade da sociedade. Primeiro, a sociedade cria condições para minimizar o trabalho menos produtivo, executado em condições de cansaço. Segundo, a sociedade deixa de ter necessidade de efetuar a redistribuição dos rendimentos de quem trabalha por quem não trabalha, como acontece no processo fiscal de expropriação a que todos estamos, hoje, sujeitos. Maximizar a produtividade da sociedade exige uma situação de pleno-emprego.

Decretar o pleno-emprego na sociedade vai exacerbar os ímpetos dos nossos maiores adversários, que são os nossos medos e os comportamentos oportunistas negativos.

No xadrez, muitas vezes, os nossos medos enfrentam-se com o sacrifício da Rainha. Mas, sacrificar a nossa Rainha é uma decisão que só é possível quando sabemos de antemão como vamos jogar a seguir. Para controlar os muitos medos despoletados pela ideia de se decretar uma sociedade de pleno-emprego, e cientes de que é este o caminho para vencer a partida, temos de perceber antecipadamente quais os movimentos que vamos executar depois deste movimento estar concluído.

Um dos primeiros medos que se ergue com o decretar de uma sociedade de pleno-emprego é o medo da "preguiça". Todos sabemos que há bons e maus trabalhadores. Também sabemos que as pessoas atuam de determinada forma porque querem, e porque podem. Os maus trabalhadores só são maus porque querem, e porque podem. E é com essa condição atual de uma pessoa poder exercer uma função para a qual não tem talento, ou vocação, que a sociedade tem de aprender a lidar.

Um outro medo que surge na sociedade perante a possibilidade de se decretar o pleno-emprego diz respeito à irregularidade da procura agregada dirigida aos produtos das empresas. Em 1992, os economistas Christopher Carroll, Robert Hall, e Stephen Zeldes, demonstraram que o consumidor ajusta os seus padrões de consumo consoante a incerteza do seu rendimento futuro e a sua preferência por consumir no presente. Daqui resulta uma irregularidade na procura que é dirigida aos produtos produzidos pelas empresas, que se verifica ao longo do tempo, e que os empresários não podem controlar. Consequentemente, se a economia funcionar em regime de livre concorrência e mercado aberto, então, as empresas terão de passar por momentos em que há necessidade de reduzir salários, despedir pessoas, ou recorrer às duas soluções.

A perceção, por parte dos empresários, da conjugação entre a heterogeneidade da força laboral e a potencial irregularidade da procura que é dirigida aos produtos da empresa, faz com que os empregadores tenham uma necessidade muito efetiva de ajustar os salários que pagam e o número de pessoas que empregam. E é preciso que essa faculdade lhes seja garantida. Logo, com a salvaguarda da sociedade de pleno-emprego, é preciso que as pessoas que vão ser despedidas de uma empresa, onde estão a ser pouco produtivas, sejam de imediato integradas noutra empresa, onde estão a ser necessárias.

Assegurar a liberdade geral para despedir, sendo uma faculdade que tem de assistir a todas as empresas, agita o maior medo de todos os trabalhadores: ser incapaz de acautelar uma fonte de rendimentos estáveis que permita encarar o futuro com tranquilidade. No entanto, quando a sociedade de pleno-emprego é decretada, todas as pessoas veem garantida a sua necessidade de sobrevivência. O facto de um indivíduo ser despedido de uma empresa não condiciona o seu futuro pois, de imediato, ele será integrado noutra empresa onde está a ser mais preciso. Assim, aquilo que fica verdadeiramente em causa, não é a sobrevivência de cada ser humano, mas antes a qualidade de vida que cada pessoa consegue retirar da sua condição de trabalho.

O facto da sociedade conceder à entidade patronal a faculdade de despedir à vontade implica impor ao trabalhador a aceitação do risco de desconhecer em que empresa pode a pessoa ir parar. E aqui acende-se mais um medo com que a sociedade tem de aprender a lidar. Trabalhador ou entidade patronal, cada ser humano gosta de sentir que tem condições para trabalhar na empresa que quer, com as pessoas que quer.

Para ultrapassar estes múltiplos receios, é necessário que a sociedade resolva jogar o jogo económico pela positiva, em modo de cooperação. Assim, podemos criar regras de funcionamento que tornem a sociedade confiável. Isso obriga à criação de regras que fomentem o comportamento oportunista positivo, tanto de empregados como de empregadores, e que sejam aceites por todos, desde o primeiro momento.

Do lado do empregador, há necessidade de diminuir salários ou despedir funcionários em duas circunstâncias diferentes: 1) quando a procura dirigida ao seu produto diminui e a empresa verifica que está com excesso de funcionários; e 2) quando está perante um trabalhador sem perfil pessoal para executar aquela função. No primeiro caso, o trabalhador será despedido da empresa, por extinção do seu posto de trabalho, e vai entrar numa outra empresa, desejavelmente, mantendo a sua remuneração atual. No segundo caso, para que o comportamento oportunista negativo seja continuamente inibido e o comportamento oportunista positivo seja fomentado, o trabalhador vai entrar na segunda empresa com um salário mais baixo "x %" em relação ao seu salário atual. O salário é a recompensa do trabalhador e a diminuição da recompensa funciona como um inibidor do eventual comportamento oportunista negativo da parte do trabalhador que resolve adotar atitudes de "preguiça".

Da parte do trabalhador, a implementação de uma sociedade de pleno-emprego confere ao indivíduo um poder acrescido de trocar de entidade patronal sempre que entender. Pretende-se que uma pessoa seja livre de se despedir sempre que for maltratada pela sua entidade patronal. Se assim for, o empregador que maltrata os seus funcionários acaba a ter de pagar mais para ter alguém a trabalhar para si ou, mais tarde ou mais cedo, inverte o seu modo de atuação perante os funcionários. Conferir ao trabalhador a capacidade para se despedir quando quiser, sem receio de ter uma perda de rendimento, resulta num incentivo direto ao desenvolvimento do comportamento oportunista positivo da parte do empregador.

A implementação de uma sociedade de pleno-emprego não pode ser bem sucedida se não for acompanhada da liberdade de empregadores, e empregados, para despedir, e se despedir, respetivamente. Ao mesmo tempo, ambos têm de ser livres para fazer a renegociação salarial sempre que entenderem ser conveniente. Com estas medidas, a sociedade dá passos firmes no sentido de se tornar livre, confiável e respeitadora.

Para ser bem sucedida, a sociedade tem de criar uma organização que lhe permita efetuar a recolocação das pessoas de forma expedita e funcional. E esta não é uma tarefa fácil. Por um lado, é preciso acordar um conjunto de regras, unanimemente aceites pelas pessoas, que permita a recolocação dos trabalhadores. Por outro lado, à luz da regra de perda salarial de "x %" para o mau funcionário que é despedido, é necessária a criação de uma base de dados que permita à sociedade conferir estes valores. Para que estes desideratos possam ser atingidos é necessária a criação de "Centros de Emprego" aonde os empregados, e os empregadores, se possam dirigir para anunciar as suas necessidades. Mas também é necessário recorrer ao uso inteligente do software.

Com este enquadramento institucional, tanto o empregador, como o empregado, ficam melhor. O empregador fica ciente que pode ser tão produtivo quanto é possível, dada a tecnologia existente, e torna-se ainda mais eficiente na gestão das suas unidades de negócio. O empregado, por sua vez, é estimulado para procurar executar a função para a qual tem mais vocação e talento, ao invés de procurar simplesmente um "tacho", que o habilita a um rendimento estável e que lhe permite consumir o que deseja sem ter preocupações quanto ao contributo que presta à restante comunidade. Para o empregado, ter um lugar bem remunerado, onde o desempenho é medíocre, deixa de poder ser uma situação consistente ao longo do tempo. E a pessoa adquire rapidamente consciência desse facto. Além disso, a mesma pessoa fica mais tranquila porque o conforto do seu dia-a-dia já não depende de ter de segurar aquele lugar, a fazer coisas que ela até nem gosta de fazer. A sociedade de pleno-emprego que adota este tipo de regras, vem acalmar alguns dos medos dos seus membros: o medo da perda de produtividade e o medo da perda salarial.

Tal como no xadrez, é através da análise das sucessivas consequências implicadas pela adoção de uma determinada regra que conseguimos concluir sobre a melhor sequência de jogadas. E esta análise ainda não foi aprofundada devidamente. Do que foi acima exposto resultam alguns problemas adicionais aos quais a sociedade de pleno-emprego ainda não dá resposta. São eles: 1) de que forma são recolocadas as pessoas que acabam de ficar sem emprego?; 2) uma vez que a sociedade tem de empregar todas as pessoas sem trabalho, de que forma fica salvaguardada a sobrevivência dos empregadores?; 3) depois de adotada a sociedade de pleno-emprego, tendendo o lucro das empresas para zero, como vai a sociedade proceder à criação de novas empresas se o investimento fica comprometido por inexistência de lucros que o possam financiar?; e 4) dado que cabe aos empregadores decidir o preço de venda dos seus produtos, e acaba de lhes ser facultado o poder de despedir e renegociar livremente as remunerações dos funcionários, que garantias têm os trabalhadores de que as suas condições de vida não pioram quando a sociedade decretar a situação de pleno-emprego?

Uma vez mais, o medo pode despoletar comportamentos oportunistas negativos de oposição à criação da sociedade de pleno-emprego. À semelhança do que é exigido à sociedade de leões para melhorar a sua qualidade de vida, também nós precisamos de analisar a situação antes de tomar decisões precipitadas baseadas no medo. A criação de regras confiáveis e unanimemente aceites pela sociedade, sobre as quais todos poderemos evoluir livremente, requer o reconhecimento do público em geral de que o legislador tem o foco no estímulo do comportamento oportunista positivo e na inibição do comportamento oportunista negativo. Neste contexto, cada uma das quatro dúvidas levantadas no parágrafo anterior são pertinentes para a análise da possibilidade de criação de uma sociedade de pleno-emprego.

Conseguir a aceitação unânime de critérios para a recolocação das pessoas que perderam o seu emprego é uma tarefa difícil para o legislador. Primeiro, os empregados vão querer ser eles a escolher para onde querem ir. E segundo, os empregadores, de modo a poder garantir uma boa gestão do seu negócio, querem manter as despesas com remunerações no mesmo nível em que estão antes da entrada de mais funcionários. Assim, o legislador tem de procurar dar resposta a estas duas necessidades, mantendo-se focado na promoção do comportamento oportunista positivo.

Do ponto de vista do trabalhador, ao decretarmos uma sociedade de pleno-emprego, ele sabe que se pode despedir, dirigir-se ao "Centro de Emprego" e iniciar funções de imediato noutra empresa. Simultaneamente, o trabalhador também sabe que pode, primeiramente, procurar outra empresa e só se despedir quando esse novo acordo estiver celebrado. Na primeira situação, é o "Centro de Emprego" quem melhor conhece quais são as empresas que mais precisam de uma pessoa com as qualificações de cada trabalhador, pelo que faz sentido ser o "Centro de Emprego" a colocar a pessoa. No segundo caso, é o próprio trabalhador que já tem a faculdade de procurar trabalhar para a empresa que lhe parecer mais apetecível, sem ter necessidade de recorrer a um apoio de terceiros. Conclui-se que o trabalhador não precisa verdadeiramente de se preocupar com a empresa onde o "Centro de Emprego" o vai colocar pois a sociedade dota-o do poder de continuar a procurar o seu lugar caso uma escolha seja, eventualmente, inadequada. Trabalhador e sociedade adquirem a consciência de que cada indivíduo será, cada vez mais, "a pessoa certa, no lugar certo".

A primeira dúvida está assim ultrapassada.

Na sociedade de pleno-emprego, a sobrevivência dos empregadores pode ser questionada, e requer uma pertinente análise. Dado que a sociedade viverá em pleno-emprego então, de cada vez que se pretender criar uma empresa nova, o empregador será forçado a retirar funcionários às empresas existentes. Para atrair estas pessoas, o empregador terá que aumentar a sua remuneração. Os empregadores terão, assim, plena consciência de que o seu lucro diminui. Adicionalmente, cada empresa, com um negócio em curso, perceberá que, para manter os bons funcionários, terá de lhes pagar um salário mais alto de modo a dissuadir o assédio da concorrência aos seus bons trabalhadores. Assim, com a implementação da sociedade de pleno-emprego, os empregadores sabem que vai ocorrer uma redução do lucro à custa do aumento generalizado dos salários.

Mas, contrariamente ao que o pensamento intuitivo dita, o lucro não é um requisito essencial à existência das empresas. Tal como um bispo, um cavalo, ou uma torre são peças cruciais para o desenvolvimento harmonioso das nossas peças no tabuleiro, também as empresas são uma peça fundamental no desenvolvimento harmonioso da sociedade. Mas é forçoso reconhecer que as empresas são compostas pelos empregadores e pelos empregados, e que todos conhecem, e aceitam, as suas regras de movimentação no tabuleiro. No limite, encontramos a sociedade unipessoal com um só trabalhador, em que o trabalhador é apenas um funcionário que trabalha para si próprio. Em qualquer caso, quer quando a empresa é composta apenas por uma pessoa, quer quando a empresa é composta por centenas ou milhares de pessoas, o contributo que cada firma dá à sociedade fica sempre confinado ao conjunto de bens e serviços que proporciona aos outros. Se as empresas não existissem, a sociedade não conseguia ter uma enorme diversidade de bens e serviços ao seu dispor. Mas o lucro não é imprescindível para que isto aconteça.

O lucro é simplesmente a diferença entre o preço de venda dos bens e serviços produzidos pelas empresas e o seu custo de produção. Este custo de produção envolve todos os custos operacionais, extraordinários, financeiros e fiscais que foram necessários para tornar possível aquela produção. No âmbito dos custos operacionais incluem-se todos os custos com mercadorias, matérias-primas, fornecimentos e serviços externos, despesas de investigação e desenvolvimento, amortização do imobilizado e custos com o pessoal. Por último, os custos com o pessoal incluem a remuneração do empresário e a remuneração dos trabalhadores. Assim, o salário do empresário não está em causa quando se decretar a sociedade de pleno-emprego e a sua sobrevivência está, evidentemente, garantida.

A segunda dúvida ficou esclarecida.

Mas a terceira questão levanta a dúvida sobre a capacidade da sociedade para se envolver em novos empreendimentos sob uma realidade de lucro nulo para a qual é induzida por um ambiente institucional de pleno-emprego. Esta dúvida ainda carece de especial atenção.

Nas economias atuais, mas com maior incidência nas economias sub-desenvolvidas e em vias de desenvolvimento, as pessoas dedicam-se frequentemente à criação dos seus próprios postos de trabalho. A abertura de unidades empresariais de pequena capacidade inibe necessariamente a produtividade que estas sociedades conseguem atingir. Em 2019, a OCDE (Organização para a Cooperação e Desenvolvimento Económico) publicou um relatório sobre as perspetivas de empreendedorismo para as PMEs (Pequenas e Médias Empresas) nos seus 38 países membros, os quais reúnem as economias mais avançadas do mundo. O relatório informa que duas, em cada três, pessoas trabalham para uma PME. Este relatório salienta ainda que, nestas 38 economias mais desenvolvidas do mundo, e no período compreendido entre 2002 e 2017, a grande maioria da criação de novos postos de trabalho se situou nos setores de produtividade abaixo da média. O relatório sublinha ainda que as PMEs estão a liderar o crescimento do número de postos de trabalho nos países da OCDE, mas precisam de maiores investimentos ao nível das qualificações dos seus trabalhadores, inovação e tecnologia para poder atingir níveis de produtividade mais altos. No presente ambiente institucional, da nossa sociedade global, conclui-se que os níveis de produtividade e bem-estar que conseguimos atingir já ficam aquém do que é possível obter por falta de financiamento apropriado.

A quarta questão, por sua vez, coloca em dúvida a segurança dos trabalhadores que consideram que o seu nível de bem-estar fica exposto aos ânimos dos proprietários dos meios produtivos pelo facto de estes controlarem, simultaneamente, o valor dos salários pagos, as quantidades de bens e serviços disponibilizados para venda, e o respetivo preço de venda dos seus produtos. No entanto, decretando-se o pleno-emprego, com as condições enumeradas acima, vai existir liberdade para a renegociação salarial em conjugação com o facto do preço de venda dos produtos estar sempre limitado pelo valor máximo que o consumidor está disposto a pagar por eles, dada a sua dotação orçamental. Daqui resulta que os empreendedores passam a atuar de acordo com a dinâmica positiva do mercado. Primeiro, os salários de todos os trabalhadores terão uma pressão significativa para aumentar. Segundo, o preço de venda dos produtos terá uma tendência maior de descida. Esta tendência será tanto mais acentuada quanto maior a liberdade que a economia conferir aos seus membros para a criação de novas empresas e atuação das mesmas em regime de livre concorrência. Tanto a primeira, como a segunda situação, exigem uma análise mais profunda.

No primeiro caso, os receios dos trabalhadores podem ser atenuados se a sociedade aceitar unanimemente uma priorização da recolocação das pessoas nas empresas mais lucrativas, de maior salário médio, ou onde se verificarem as maiores desigualdades salariais entre os trabalhadores. Sempre que as empresas apresentam lucros exagerados, alicerçados em comportamentos oportunistas negativos próximos da situação de monopólio, a sociedade introduz um estímulo à sua moderação através da colocação preferencial das pessoas desempregadas nessas empresas. Neste caso, podemos ter duas reações emocionais negativas da parte dos donos destas empresas e dos seus funcionários. Numa primeira fase, o valor total destinado a salários no orçamento da empresa muito lucrativa pode ser dividido pelo novo número de trabalhadores. Neste pressuposto, todos os trabalhadores ficam inicialmente descontentes pelo facto de ficarem a ganhar menos. Numa segunda fase, a reação negativa por parte dos donos da empresa deve-se agora ao facto de perceberem que têm mesmo que aumentar os salários pagos, pelo menos para garantir a permanência dos melhores funcionários, o que resulta sempre em benefício dos bons trabalhadores da empresa. A adoção de uma prioridade de colocação dos trabalhadores nas empresas mais lucrativas, por si só, constitui um estímulo para o aumento dos salários dos trabalhadores da própria empresa. Assim, a reação inicial, instintiva e emocional, dos trabalhadores da empresa não é justificada.

A colocação prioritária dos trabalhadores desempregados nas empresas de maior salário médio induz que as pessoas sejam colocadas primeiramente nos setores mais produtivos da economia. A colocação das pessoas desempregadas nas empresas que evidenciem maiores desigualdades salariais vai também constituir um estímulo para que estas desigualdades sejam atenuadas. Em 2023, em Portugal, o semanário "Expresso" divulgou que o salário do Diretor Executivo da empresa de distribuição

"Jerónimo Martins" era cerca de 186 vezes maior que o salário médio bruto dos restantes funcionários da empresa. Mas, o mesmo jornal salientou também que este não é um caso isolado. Concretamente, o Diretor Executivo da "Sonae", outra empresa da grande distribuição, recebe 82 vezes mais e, em média, os Diretores Executivos das empresas do índice PSI (Portuguese Stock Index), que agrega as maiores empresas cotadas no Euronext Lisboa, ganham 36 vezes mais que os trabalhadores. Como a Economia demonstrou, a produtividade do trabalhador diminui cada vez mais, quanto maior a parte da sua produção que lhe é expropriada. Conclui-se que a aceitação destas regras, por parte da sociedade, constitui um forte estímulo para a adoção de comportamentos oportunistas positivos, e inibição de comportamentos oportunistas negativos, que a todos beneficia.

Por último, importa salientar que a eficiência da sociedade de pleno-emprego aumenta quando as pessoas têm uma consciência alargada sobre quais são as atividades económicas melhor remuneradas. Hoje, em Portugal, existe carência de soldadores, canalizadores, eletricistas, carpinteiros, técnicos de frio, e tantas outras profissões de cariz mais manual e, alegadamente, menos intelectual. Esta situação é consequência de uma inversão do foco da sociedade. Nos primeiros dois terços do século XX, a sociedade portuguesa vivia um ambiente de fraca produtividade, muito condicionada pela ausência de processos educativos, e formativos, que fossem eficazes. Naquela época, a maioria dos indivíduos aprendia uma profissão com as pessoas mais velhas e a generalidade dos trabalhadores dedicava-se a profissões de cariz manual. A remuneração média de cada pessoa era baixa porque a produção da sociedade era baixa e era dividida por toda a população. As pessoas com formação académica superior eram poucas e essa situação prestava-se a que cobrassem muito pelos seus serviços. Com a criação das condições que permitiram que um maior número de pessoas pudesse adquirir formação académica superior, todos os pais em geral, norteados pelo desejo de proporcionar aos seus filhos as melhores condições de vida que fosse possível, passaram a pressionar os jovens para prosseguir estudos académicos e perderam a noção do valor que as outras atividades profissionais, de cariz mais manual, têm para a sociedade. Hoje, em Portugal, um soldador, um técnico de frio, ou um motorista de automóveis pesados, todos têm uma remuneração mensal superior à generalidade das pessoas que fizeram um curso universitário. Mas a sociedade perdeu esta noção por falta de divulgação adequada, e atempada, da informação relevante.

Contudo, as preocupações levantadas pelas terceira e quarta questões não ficam ainda perfeitamente controladas porque os empresários permanecem receosos no que concerne à sua capacidade de investimento futura e os trabalhadores não estão ainda completamente tranquilos quanto ao preço de compra que vão ter de pagar pelos produtos que necessitam para viver. Para que a sociedade possa responder convenientemente aos medos que ali foram levantados, estas duas questões remetem-nos para a análise do sistema financeiro.

Antes de passar para o próximo movimento, podemos assim resumir as condições básicas necessárias para implementar a sociedade de pleno-emprego: 1) garantir o emprego a todas as pessoas que o solicitem; 2) atribuir liberdade total para a renegociação de salários, horários de trabalho e condições laborais, entre empregadores e empregados; 3) efetuar a colocação dos trabalhadores nas empresas ou setores de atividade que têm maiores lucros; 4) efetuar a colocação dos trabalhadores nas empresas e setores de atividade que têm maior desigualdade salarial;

5) efetuar a colocação dos trabalhadores nas empresas e setores de atividade que têm maior salário médio; e 6) fazer uma divulgação eficaz destes dados de modo a que os esforços educativos dos pais, e formativos da sociedade em geral, sejam direcionados para onde são mais precisos.

A sociedade torna-se mais confiável depois de decretado o pleno-emprego alicerçado nas regras acima identificadas. Os sem-abrigo deixam de existir e a sociedade pode, finalmente, tomar conta de si própria. A sociedade de pleno-emprego acarreta um conjunto de vantagens que apenas a nossa racionalidade limitada impede de colocar em prática prontamente. Mas as dúvidas relativamente à capacidade da sociedade para gerar novos investimentos, e os receios dos trabalhadores quanto à possibilidade de agravamento das desigualdades sociais, com pioria das suas condições de vida, estão ainda por esclarecer devidamente. No xadrez, o jogador consolida a sua posição através de um conjunto de jogadas sucessivas. Aqui, a debilidade que é refletida pela exposição da sociedade a estes receios também carece da adoção de regras institucionais, unanimemente aceites, e que vão funcionar como movimentos adicionais do nosso jogo. Estas regras institucionais, que são necessárias, estendem-se para além da implementação da sociedade de pleno-emprego.

#2 Impedir o uso de garantias reais na concessão de crédito

No jogo de xadrez, a segunda jogada é uma das mais interessantes de analisar. Um primeiro objetivo da segunda jogada consiste em continuar a desenvolver o posicionamento das nossas peças no tabuleiro, de acordo com o ímpeto que a primeira jogada veio proporcionar. No entanto, esta segunda jogada pode estar condicionada pela jogada de abertura que o nosso antagonista escolheu fazer. A segunda jogada assume assim uma maior complexidade, que advém da necessidade de identificação das consequências resultantes da nossa primeira jogada, bem como daquela que foi a reação do nosso adversário.

Neste último particular, a reação do adversário coloca-nos dificuldades. As dúvidas relativamente à capacidade da sociedade para gerar novos investimentos, e os receios dos trabalhadores quanto à possibilidade de agravamento das desigualdades sociais e pioria das suas condições de vida, estão ambas ainda por esclarecer devidamente. Contudo, uma das funções do sistema financeiro é, exatamente, suprir a necessidade de financiamento das empresas. Importa, pois, compreender o funcionamento atual do sistema financeiro antes de perceber que regras podem ser unanimemente aceites pela sociedade e que sejam estimulantes dos comportamentos oportunistas positivos da totalidade dos seus membros.

As receitas dos bancos são provenientes de duas fontes: prestação de serviços e juros. A prestação de serviços bancários pode ser resumida em dois tipos: disponibilização de meios de pagamento e guarda de valores. Os bancos facultam aos clientes cheques, cartões multibanco, serviços de transferência de fundos entre contas dos clientes, e outros serviços relacionados, facilitadores da concretização de transações comerciais na economia. Adicionalmente, os bancos proporcionam serviços de guarda de valores permitindo que as pessoas confiem nos seus bancos para reter parte das suas poupanças ou dos seus pertences, cientes de que, ali, aqueles bens não se estragam ou extraviam. Estas receitas são habitualmente designadas de comissões. Por seu turno, as receitas inerentes às operações de crédito são vulgarmente denominadas de juros. Apesar dos bancos criarem dinheiro para conceder crédito aos seus clientes, o dinheiro assim criado não é contabilizado como uma receita do banco. Numa primeira fase, o dinheiro é entregue ao cliente através da concessão de um crédito ao consumo ou ao investimento. Assim, o dinheiro criado pelo sistema financeiro entra em circulação na economia real pela mão do devedor. Ao entrar na economia, este dinheiro adicional vai criar inflação. Uma vez que as pessoas têm mais dinheiro à disposição e vão comprar os produtos que já estão produzidos, os preços dos diferentes bens e serviços sobem generalizadamente na economia. Esta inflação também é sentida pelo banco. Quando o cliente devolve capital e juros, o capital é considerado como se de um reembolso se tratasse.

Apesar de parecer que os bancos comerciais se apropriam do trabalho dos restantes membros da sociedade, a verdade é que quem controla a criação de dinheiro são os bancos centrais. Em 2021, em Portugal, o relatório anual das contas do Banco Montepio, que é um banco comercial, revelam que, neste período e em termos médios, o crédito concedido a clientes diminuiu cerca de 122 milhões de euros, enquanto os recursos provenientes de bancos centrais aumentou mais de 1 bilião de euros. O Banco Montepio aumentou as suas disponibilidades visando futuras operações de crédito. Significa isto que as receitas inerentes aos juros que os bancos cobram nas operações de crédito são, na grande maioria das vezes, simplesmente uma comissão de intermediação que corresponde à diferença entre os juros que cobram nas operações de crédito aos seus clientes e os juros que pagam, tanto aos bancos centrais, pelos fundos disponibilizados, como às poupanças dos seus clientes, pelos depósitos em carteira. Esta comissão de intermediação é habitualmente denominada de margem financeira.

O funcionamento do sistema financeiro é bastante simples e aceitável quando os bancos centrais são propriedade do estado e operam sob a alçada do governo. No entanto, há países no mundo onde o banco central é propriedade privada e gerido de forma autónoma. Tanto os bancos centrais, como os bancos comerciais, têm um papel determinante na sociedade ao providenciar os financiamentos necessários para que as pessoas, empresas e particulares, possam adquirir os mais diversos produtos e serviços. Mas a ação destas entidades do sistema financeiro também é condicionada pelos medos que têm relativamente ao comportamento oportunista negativo do setor privado da economia.

Como o sistema financeiro reconhece que há uma assimetria na informação disponível entre a verdadeira solidez financeira do potencial devedor de uma operação de crédito e aquela que é percebida pelo banco, então os bancos receiam que a realidade seja pior do que a perceção e, por isso, tendem a condicionar a realização de operações de crédito à prestação de garantias reais por parte dos seus clientes. Os bancos procuram proteger-se da má-fé de empresários e consumidores, ou da incompetência deles próprios na avaliação da situação financeira dos clientes, assegurando um mecanismo de penalização do devedor em caso de incumprimento. Norteados pelo medo, os bancos procuram proteger-se dos comportamentos oportunistas negativos dos outros membros da sociedade.

Quando um crédito é concedido podem acontecer duas coisas: 1) ou é bem sucedido; 2) ou o cliente não tem capacidade para reembolsar o banco em conformidade com o plano acordado. Quando o crédito é bem sucedido, o recurso ao uso de garantias reais tem efeitos perniciosos na sociedade. Neste caso, e em última instância, o recurso à garantia real mostrou-se perfeitamente desnecessário uma vez que o cliente, alicerçado no desenvolvimento normal da sua atividade económica, cumpriu com o que foi contratado na operação de crédito. Mas, em primeira instância, os bancos condicionaram a atribuição do crédito apenas aos clientes possuidores de bens para garantir a operação de crédito. Daqui resulta uma desigualdade social importante que impede as pessoas, que não são previamente proprietárias de qualquer bem material relevante, de poder beneficiar do apoio do sistema financeiro, mesmo que sejam competentes no que fazem ou tenham boas ideias de negócio. Toda a sociedade fica a perder porque muitas empresas não chegam a nascer para aumentar a quantidade de bens e serviços disponíveis para todos, a preços mais baixos. Por outro lado, quando o crédito é mal sucedido, o recurso aos mecanismos legais normais deve ser suficiente para que o banco possa ser ressarcido da sua perda. Quando existe um sistema judicial eficaz não há qualquer necessidade de recurso ao uso de garantias reais em primeira instância. O recurso às garantias reais para a concessão de crédito inibe a sociedade de ser mais produtiva.

No entanto, existe outra perda para a sociedade. O recurso às garantias reais na concessão de crédito também induz os bancos a não facilitar a eventual renegociação dos créditos em curso, mesmo que os negócios das empresas sejam viáveis. Nestes casos, os bancos optam muitas vezes pela execução das garantias reais ao invés de manter as empresas em atividade. Esta é uma situação de comportamento oportunista negativo uma vez que o próprio banco irá viver tanto pior quanto maior o número de outros bancos a agir da mesma forma.

Não obstante os problemas acima identificados, o sistema financeiro tem um papel muito importante na avaliação prévia das boas, ou más, perspetivas de sucesso que os projetos de investimento exibem. Muitas vezes, ao dizer "não" a um pedido de crédito, o banco está a contribuir para evitar um desperdício de recursos que aquele empreendimento poderia constituir. Muitas vezes, ao dizer "não" a um pedido de crédito, o banco está a evitar a proliferação da inflação. Mas esta decisão deve basear-se unicamente na avaliação que o banco faz do potencial de negócio que lhe é apresentado e não pode ser previamente condicionado pela existência de bens que possam ser dados pelo devedor em garantia do cumprimento do acordo feito com o banco.

Curiosamente, se a sociedade implementar a situação de pleno-emprego, os legítimos medos do sistema financeiro quanto à capacidade de reembolso dos devedores ficam completamente debelados. Primeiro, o banco fica com a certeza absoluta que aquele devedor terá sempre, no futuro, meios financeiros para proceder ao reembolso das importâncias recebidas. Segundo, os bancos podem prescindir completamente de qualquer tipo de garantia real, viabilizando um maior número de operações de crédito do que aquelas que aprovam agora.

Estes estímulos ao comportamento oportunista positivo vêm tranquilizar parte das dúvidas relativas à capacidade da sociedade para fazer novos investimentos e assegurar a manutenção das condições de vida dos trabalhadores. No entanto, numa sociedade de pleno-emprego, também os bancos podem despedir todos os funcionários que consideram excedentes. E também os bancos são livres de impor aos seus clientes um preço tão elevado quanto possível pelos serviços que prestam à sociedade. No que se refere à recolocação dos empregados e motivação dos empregadores, as regras definidas na primeira jogada conferem a garantia de existir tendência para que se fomente o equilíbrio no exercício da atividade económica e o respeito entre todas as pessoas. No entanto, os lucros das empresas continuam a tender para zero e os trabalhadores não têm certeza de ter acesso ao crédito quando pretenderem criar novas empresas. A abolição do uso de garantias reais é um passo necessário para que o sistema financeiro forneça um contributo superior para elevar os níveis de bem-estar da sociedade. É uma medida que consolida a implementação da sociedade de pleno-emprego sinalizando à população que há um esforço coletivo no sentido de elevar os níveis de bem-estar de todos, sem exceção. Mas a abolição do uso de garantias reais nas operações de crédito não é suficiente para garantir que a atividade económica não fomenta a desigualdade social ou que as condições de vida de toda a população estão asseguradas.

#3 Impedir a criação de dinheiro para o crédito ao consumo

No xadrez, é unanimemente aceite que a força de um cavalo no tabuleiro se mede em função do número de casas que consegue tocar. Quando está na posição de partida, o cavalo controla apenas 4 casas do espaço de jogo. Mas após a primeira jogada, se o cavalo saltar para o centro, passa a controlar 9 casas, das 64 que tem o tabuleiro. O cavalo no centro é fortíssimo. O cavalo adquire maior preponderância quando controla uma parte importante do desenvolvimento do jogo do adversário.

A economia explica que um fator importante para salvaguardar o bem-estar da população reside na capacidade da sociedade para controlar a inflação. Percebemos facilmente que a criação de dinheiro para a concessão de crédito aos cidadãos é uma forma de providenciar, de imediato, poder de compra às pessoas que irão restituir, no futuro, essa capacidade de aquisição. No entanto, a concessão de crédito pode ser proveniente de duas fontes: 1) ou vem das poupanças dos clientes depositadas nas instituições de crédito; 2) ou pode ter origem em linhas de crédito disponibilizadas pelos bancos centrais aos bancos comerciais.

Quando estamos perante a concessão de crédito ao consumo, e a operação é proveniente das poupanças dos clientes depositadas no banco, então estamos perante uma situação em que ocorre uma troca temporal entre dois consumidores. Utilizando o banco como intermediário, o cliente depositante empresta a sua poupança, no presente, a uma pessoa que tem agora necessidade desse poder de compra e está disposto a devolver esse valor, no futuro. O banco simplesmente presta um serviço de intermediação pelo qual cobra um preço. Esta operação não é geradora de inflação porque ao consumo de um indivíduo corresponde a poupança de outro, e esta situação será simétrica no futuro. O dinheiro disponível em circulação na sociedade nunca se altera.

Quando a concessão do crédito ao consumo é proveniente da criação de dinheiro novo, há lugar ao aumento de dinheiro em circulação em toda a economia. Esta situação provoca o aumento generalizado dos preços e faz com que "quase toda" a sociedade viva pior. "Quase toda" porque os empregadores ficam melhor. O aumento da quantidade de dinheiro em circulação vai fazer com que, de imediato, as empresas possam aumentar os seus preços de venda, enquanto todos os consumidores terão de pagar um preço superior para adquirir os bens e serviços de que necessitam. Dado que os salários não ajustam de imediato para cima, e os produtos das empresas já estão produzidos, a criação de dinheiro novo para ser utilizado na concessão de crédito ao consumo fomenta uma transferência do dinheiro dos salários dos trabalhadores para as empresas que, assim, aumentam os seus lucros.

Atualmente, a desigualdade social assenta na criação de dinheiro destinado ao crédito ao consumo.

O aumento da perceção da existência de desigualdades sociais entre empregados e empregadores tem o mesmo resultado de uma expropriação de parte da produção do trabalhador. E a Economia já demonstrou que a produtividade diminui quando isso acontece. Consequentemente, apesar da parca consciência que a sociedade tem deste facto, a criação de dinheiro para conceder crédito ao consumo é um comportamento oportunista negativo. Cada banco vive pior quanto maior o número de bancos que recorre à criação de dinheiro novo para conceder crédito ao consumo.

A possibilidade de criação de dinheiro novo para a concessão de crédito ao consumo também faz com que os bancos comerciais não necessitem de remunerar as poupanças dos clientes acima do valor a que os bancos centrais lhes disponibilizam linhas de crédito. Assim, se os bancos centrais criarem dinheiro do nada e emprestarem dinheiro aos bancos comerciais a custo zero, ficando satisfeitos com a devolução do capital, os bancos comerciais também não precisam de pagar nada aos seus clientes pelas poupanças depositadas nas instituições bancárias. Consequentemente, abolir a possibilidade de criar dinheiro novo para a concessão de crédito ao consumo traz ainda outro benefício aos trabalhadores: passam a garantir uma maior remuneração das suas poupanças.

Conclui-se que este passo permite à sociedade adquirir um maior controlo sobre os níveis de inflação e distribuição do poder de compra com que os seus cidadãos têm de lidar. Mas as duas dúvidas colocadas acima, relativamente à garantia das condições de vida de toda a população e à capacidade das empresas para fazer novos empreendimentos, apesar de mais ténue, mantêm ainda uma perigosa chama acesa.

#4 Garantir que a criação de dinheiro se destina à concessão de crédito ao investimento

O bispo é uma peça muito importante no jogo de xadrez. É uma peça que se movimenta na diagonal. No início do jogo, cada jogador dispõe de um bispo situado em casa branca e de um bispo situado em casa preta. A partir da sua casa, cada bispo pode ser movimentado para qualquer casa livre que esteja situada num corredor, diagonal à sua posição, formado pelas casas da sua cor.

Possui algumas características particularmente distintivas das restantes peças do jogo de xadrez. Esta diferença respeita ao aumento do seu valor à medida que o tempo de jogo vai passando. Primeiro, dado que o bispo controla o maior número de casas em função do espaço livre existente no tabuleiro, o valor do bispo das casas brancas vai-se distinguir do valor do bispo das casas pretas, sendo mais valioso o bispo da cor que o tabuleiro tiver menos peões a ocupar essas casas. Ou seja, o bispo branco tem mais valor quanto menor o número de peões situados em casas brancas do tabuleiro. Com efeito, à medida que o jogo evolui e no tabuleiro vão restando cada vez menos peças, os bispos vão adquirindo valor acrescido pelo facto de conseguirem controlar um espaço cada vez maior. Quando o tabuleiro está vazio, um bispo colocado no centro controla um total de 15 casas, das 64 que tem o espaço de jogo.

Na Economia, e à semelhança do que se passa no jogo de xadrez, a faculdade que a sociedade tem para utilizar dinheiro é, também ela, uma peça muito importante para garantir o bem estar das populações. Do mesmo modo, à medida que a atividade económica se vai desenvolvendo, a capacidade que a sociedade tem para criar mais dinheiro também permite estimular o comportamento oportunista positivo dos agentes económicos. Os bancos estimulam um determinado setor de atividade económica quando criam linhas de crédito dedicadas a esse setor. Se o crédito é vocacionado para o consumidor, então os produtores sentem aumentar a procura agregada que lhes é dirigida; e isso permite-lhes aumentar o preço de venda dos seus produtos, aumentando os seus lucros. Se o mercado for livre, o aumento dos lucros vai estimular o aumento dos investimentos no mercado, os quais, por sua vez, fomentam o aumento da concorrência e conduzem a um maior número de bens disponíveis para a sociedade, a preços mais baixos. Por outro lado, se o crédito é vocacionado para o investidor, então os bancos vão proporcionar o aumento de novos investimentos por parte das empresas naquele setor de atividade económica. Daqui resulta o aumento da concorrência no mercado, o que terá como consequência um aumento dos bens disponíveis, a preços mais baixos. No primeiro momento, seja através do crédito ao consumo, seja por via do crédito ao investimento, o comportamento oportunista positivo das pessoas é estimulado quando os bancos criam dinheiro. Todas as pessoas vivem melhor quanto maior for o número de ações desta natureza que ocorrer na sociedade.

No entanto, num segundo momento, nas atuais regras de funcionamento do sistema financeiro, o dinheiro criado pelos bancos tem de ser devolvido, acrescido de juros. Assim sendo, neste segundo momento, os bancos vão retirar dinheiro da economia. Agora, em resposta à diminuição do poder de compra da procura agregada, os produtores são forçados a reduzir a sua produção, a reduzir o seu quadro de pessoal, a reduzir os salários pagos, a aumentar os preços de venda, ou a combinar todas estas medidas para manter as mesmas margens de lucro. Toda a sociedade é forçada a viver pior. Se o crédito for inicialmente vocacionado para o consumo, este dinheiro é retirado aos consumidores. Na fase inicial, os produtores são quem mais lucra com a prática de criação de dinheiro novo para a concessão de crédito ao consumo. Na fase final, os consumidores são quem mais paga. A sociedade agrava as desigualdades sociais através da criação de dinheiro dedicado ao crédito ao consumo. Por outro lado, quando o dinheiro criado pelos bancos for dedicado ao investimento das empresas, são os produtores que vão devolver ao banco o capital que receberam no primeiro momento, acrescido de juros. Mas esta devolução respeita aos lucros obtidos na venda dos produtos que foram bem sucedidos no mercado. Nenhuma ação prejudicial resulta para a sociedade quando o crédito concedido ao investimento é bem sucedido, nem resulta daqui qualquer estímulo ao comportamento oportunista negativo de quem quer que seja.

Temos assim duas situações desejáveis: 1) que a criação de dinheiro seja vocacionada exclusivamente para a concessão de crédito ao investimento; e 2) que este investimento seja bem sucedido. No entanto, se o crédito ao investimento for concedido para o desenvolvimento de um negócio ruinoso, que não é aceite pelo mercado, então, no futuro, os bancos vão exigir a devolução de um valor de capital e juros que o empresário não tem para dar. Consequentemente, o empresário é forçado a reduzir o seu padrão de consumo habitual para poder restituir o que quer que seja ao banco. Neste contexto, a procura agregada dirigida a todas as empresas diminui, e fornece-se à sociedade um estímulo ao comportamento oportunista negativo generalizado. Conclui-se que o sucesso dos investimentos realizados pelos empresários é absolutamente essencial para que a criação de dinheiro por parte dos bancos possa ser virtuosa para a sociedade.

Percebemos hoje que a relevância de controlar a forma como acontece a criação de dinheiro na sociedade se assemelha à importância dos bispos para se vencer o jogo de xadrez. À medida que o tempo passa, apenas a criação de dinheiro para a concessão de crédito ao investimento pode ser consistentemente virtuosa para a sociedade. A importância da criação de dinheiro para elevar os níveis de bem-estar da sociedade depende diretamente da capacidade dos empresários para criarem valor para todos através do desenvolvimento de novos negócios. Só assim a sociedade pode estar no efetivo, e consistente, controlo do estímulo ao comportamento oportunista positivo de todas as pessoas.

A banca comercial colhe imensos benefícios com a adoção desta medida por parte do sistema financeiro. Mas, esta conclusão não é intuitiva. À primeira vista, parece que a sociedade estará a limitar a atual liberdade dos bancos para criarem dinheiro como entenderem. Intuitivamente, esta situação sugere uma pioria da situação dos bancos uma vez que parece que deixam de poder tirar proveito de oportunidades de lucro nas operações de crédito ao consumo. Mas uma análise mais racional permite concluir que as operações de crédito ao consumo não estão inibidas. Estão apenas limitadas a que sejam efetuadas pelos bancos utilizando as poupanças das pessoas. Além disso, a criação de dinheiro novo por parte dos bancos é sempre um ato gerador de inflação. A inflação funciona como um imposto para toda a sociedade mas é um imposto que é sempre mais sentido pelos bancos relativamente à restante população porque o dinheiro criado no momento zero serve para fornecer poder de compra a produtores, ou consumidores, mas não ao banco. Enquanto os primeiros podem aumentar já o seu poder de investimento, ou consumo, ao receber um aumento do seu poder de compra por via do crédito que lhes foi concedido, os bancos, por seu lado, só melhoram a sua situação mais tarde, quando o capital e os juros lhes são devolvidos pelos credores. Com a definição da exclusividade da criação de dinheiro para a concessão de crédito ao investimento, os bancos vão garantir que, eles próprios, vivem consistentemente melhor.

Quando conjugamos a abolição do uso de garantias reais nas operações de crédito, com o impedimento da criação de dinheiro novo para financiar o consumo, ao mesmo tempo que se garante a possibilidade de criar dinheiro exclusivamente para financiar operações de crédito ao investimento, atinge-se uma situação extremamente vantajosa para a banca comercial, mas que também realça a tremenda importância da função dos bancos centrais para que a sociedade possa garantir a prosperidade económica. Uma vez mais, esta é uma situação pouco intuitiva, tanto para o cidadão comum, como para os bancos intervenientes no sistema financeiro.

Especificamente, o funcionamento atual do sistema financeiro define um sistema regulatório extremamente apertado, ao qual a banca comercial tem de obedecer em função das diretrizes emanadas pelos bancos centrais. Estas diretrizes, nos aspetos que impactam diretamente a concessão de crédito, respeitam aos limites de crédito que os bancos estão autorizados a conceder, respeitam ao nível de garantias reais que a concessão desses créditos tem de exibir, e respeitam ao custo que o uso de dinheiro novo criado pelos bancos centrais tem para os bancos comerciais. Quando os bancos centrais atribuem linhas de crédito à banca comercial, esta fica obrigada a devolver ao banco central o dinheiro novo que este acabou de criar, acrescido dos juros que o banco central definir. Perante o banco central, o banco comercial é, em tudo, semelhante a um empresário que necessita de ser bem sucedido no seu negócio para poder devolver ao seu credor o poder de compra que lhe foi atribuído por meio da concessão de crédito. Neste enquadramento, os bancos comerciais devem obediência aos bancos centrais.

Os bancos comerciais são importantes prestadores de serviços de intermediação financeira que atuam a dois níveis diferentes. Existe um nível de intervenção através do qual a banca comercial faz intermediação financeira intertemporal, emprestando, no presente, as poupanças das pessoas, as quais serão devolvidas no futuro aos seus depositantes. Neste caso, o banco fica com uma comissão de intermediação pela prestação do serviço que faz à sociedade. Existe outro nível de intervenção em que o banco comercial empresta, no presente, o dinheiro criado pelo banco central e que terá de devolver no futuro, acrescido de juros. Neste contexto, a banca comercial presta, uma vez mais, um serviço de intermediação financeira entre o dinheiro criado pelo banco central e o devedor. Consequentemente, se a banca comercial intervir na atividade financeira apenas como um efetivo intermediário entre as partes envolvidas, o sistema financeiro consegue atingir níveis de eficiência tão elevados quanto a competência dos bancos centrais na decisão das operações de crédito. Desde que a criação de dinheiro novo se cinja ao banco central e o banco comercial atue apenas como intermediário, e não como devedor, então, numa economia de pleno-emprego, nenhum banco comercial corre verdadeiro risco de falência.

Para além da atividade de intermediação financeira para com o banco central, a banca comercial também cria dinheiro novo através da concessão de crédito a partir de uma proporção dos depósitos de clientes que tem em carteira. Se o banco comercial apenas for autorizado pelo banco central a criar dinheiro para a concessão de crédito ao investimento, então, verificamos que o banco comercial apenas corre risco efetivo de falência quando o projeto de investimento que beneficiou da operação de crédito é mal sucedido.

O banco central tem apenas duas responsabilidades: 1) controlar os níveis de inflação da economia através do controlo da criação de dinheiro novo; e 2) garantir a credibilidade do sistema financeiro. Se o sistema financeiro conjugar as três medidas – a abolição do uso de garantias reais nas operações de crédito, o impedimento da criação de dinheiro novo para financiar o consumo, e a reserva da faculdade de criação de dinheiro unicamente para financiar operações de crédito ao investimento – então o banco central adquire condições para garantir que o controlo dos níveis de inflação não depende da utilização da taxa de juro para esse fim. Por outras palavras, e ao invés do que acontece hoje, a sociedade passa a ter a certeza que o sistema financeiro será estimulante dos comportamentos oportunistas positivos.

Dos muitos contributos que a Economia tem dado para que o desenvolvimento económico e social seja uma realidade, destacam-se os muitos estudos focados nas medidas de controlo da inflação e dos seus efeitos nas populações. Em 2019, os professores, e economistas, Fernando Alvarez, Martín Beraja, Martín Gonzalez-Rozada e Pablo Andrés Neumeyer, mostraram que a frequência de aumentos, e diminuições, de preços é semelhante quando os níveis de inflação são baixos. Isto é, a Economia mostrou que os níveis de inflação só estimulam comportamentos oportunistas negativos do ser humano quando a inflação ultrapassa um determinado limite. Os autores focaram o seu estudo nos dados empíricos fornecidos pelas economias de Argentina, Zona Euro, Polónia, México, Brasil, Estados Unidos, Israel e Noruega. Concluíram que, de um modo geral, os efeitos negativos da inflação apenas se começam a fazer sentir quando esta ultrapassa os 5% ao ano.

Hoje, a sociedade sabe que a criação de dinheiro por parte dos bancos é benéfica ao desenvolvimento económico sempre que é dedicada à concessão de crédito ao investimento e os investimentos são bem sucedidos. Também sabemos que os bancos estimulam o comportamento oportunista negativo dos agentes económicos sempre que retiram dinheiro da economia. Adicionalmente, durante todo o período de tempo em que uma empresa é credora do sistema financeiro, o banco é um sócio do investidor, uma vez que também detém parte do capital que financia o ativo da empresa. Então, o banco central pode permitir que o sistema financeiro crie dinheiro à vontade para a concessão de crédito ao investimento enquanto os níveis de inflação se situarem abaixo de um determinado valor limite. O banco central também pode impedir a criação de dinheiro quando este nível de inflação for ameaçado.

Cumulativamente, o sistema financeiro pode garantir que o banco não retira dinheiro da economia se a participação no capital da empresa adquirir um caráter mais duradouro. Quando os bancos participam no capital das empresas como credores, eles são remunerados com capital e juros durante o período de duração do empréstimo. Se esta participação adquirir um caráter relativamente ilimitado no tempo, os bancos passam a celebrar um acordo inicial, no momento da concessão de crédito, que é focado na qualidade do negócio da empresa e nunca no objetivo de se apropriar de garantias reais. A permanência do banco no capital da empresa vai constituir uma importante fonte de remuneração do banco que permanecerá ao longo do tempo. Os bancos passam a ser sócios das empresas por um período mais longo. Neste contexto, a falência dos bancos deixa de poder suceder. Por um lado, o banco comercial atua apenas como intermediário financeiro. Logo, cada banco é um importante prestador de serviço que pode ser substituído por outro sem qualquer tipo de consequência negativa para a sociedade. Por outro lado, a falência das empresas nunca acarretará a perda de poupanças para nenhum cidadão. O desaparecimento de uma empresa, ou de um banco comercial, passará a ser apenas consequência natural do seu menor valor para a sociedade. O banco central pode então adquirir total controlo sobre o contributo dado pelo sistema financeiro para estimular os comportamentos oportunistas positivos dos agentes económicos.

Mas o sucesso do sistema financeiro depende muito do sucesso dos investimentos efetuados pelos empresários e, ainda que os investimentos possam ser um fracasso, a sociedade continua a precisar de garantir a sua própria estabilidade, bem como a persistência dos empresários nas suas tentativas de inovação.

#5 Criar um sistema legal eficaz

No xadrez, a realização de um xeque duplo acontece quando, com apenas uma jogada, o jogador cria duas ameaças contra o rei adversário, ou seja, duas peças dão xeque ao mesmo tempo. Mesmo que as peças do rei ameaçado possam eliminar um dos atacantes na próxima jogada, ainda resta uma peça adversária que dá mate ao rei. Como refere Anatoly Karpov, perante um xeque duplo, o rei só tem um recurso: fugir. Na sociedade, um sistema judicial é eficaz quando o comportamento oportunista negativo das pessoas é completamente inibido... E só lhe resta fugir!

São muitos os exemplos ao nosso dispor para concluir sobre a ineficácia dos diversos sistemas legais existentes no mundo. Fruto da conjugação da nossa imensa criatividade com a nossa racionalidade limitada, as situações de abuso de poder serão perpetradas sempre que as regras instituídas, e generalizadamente aceites pela sociedade, o permitam fazer. Cada pessoa é capaz de identificar um leque de situações em que tal acontece. No entanto, muito mais vezes do que deveria acontecer, a sociedade concede espaço às pessoas para, mais do que abusarem de um determinado indivíduo, abusarem da sociedade em geral. Ou seja, para além das situações de conflito aberto, em que uma pessoa procura alcançar uma posição de domínio sobre outra, existe, hoje, um espaço de abuso indireto à sociedade em geral, e que não é intuitivo.

Este esforço que o ser humano faz, individualmente, para obter uma posição de domínio sobre a restante sociedade, adquire as mais diversas formas, legais e ilegais. Nas formas legais, podemos identificar situações como as tentativas de atuação em cartel e a criação de barreiras à entrada de outras pessoas no mesmo setor de atividade económica, ao mesmo que se venera, e estimula, a concorrência nos outros setores de atividade. As economias do mundo são férteis em situações desta natureza. Nas formas ilegais destacam-se os incumprimentos contratuais deliberados. A este nível, os exemplos também se estendem à sociedade em geral e consistem frequentemente nas tentativas de redução de custos – por parte dos produtores, que prestam um pior serviço ao cliente sempre que pensam que o consumidor não irá detetar a situação – e nos esforços de aumento de receitas. Pelo lado das tentativas de redução de custos, são exemplos a falta de higiene na restauração, a utilização industrial de matérias-primas de pior qualidade do que a anunciada, ou a existência de incentivos monetários para que os fornecedores de serviços de "outsourcing" adotem práticas enganosas para o consumidor final. Pelo lado dos esforços de aumento das receitas, podemos identificar a construção deliberada de produtos de durabilidade reduzida e, contra-intuitivamente, o dilatamento dos prazos de pagamento a fornecedores.

As duas últimas práticas, acabadas de referir no parágrafo anterior, conferem uma elevada perniciosidade ao exercício da atividade económica. No primeiro caso, quando os produtores, intencionalmente, fabricam produtos de durabilidade reduzida estão a contribuir para um aumento generalizado do consumo dos recursos naturais sem que exista uma necessidade efetiva para que isso aconteça. No segundo caso, quando uma empresa adia os pagamentos dos bens e serviços disponibilizados pelos seus fornecedores provoca duas consequências negativas para a sociedade. Por um lado, impede que estas pessoas possam adquirir outros bens e serviços aos restantes membros da população. Por outro lado, utiliza este poder de compra para obter vantagens negociais. Por exemplo, imaginemos uma empresa de construção que contrata uma empresa de pintores para pintar um bairro de casas que acabou de construir. Ao invés de pagar atempadamente à empresa de pintores, os gestores da empresa de construção utilizam esse dinheiro para comprar novos terrenos onde planeiam levar a cabo outro empreendimento. Na aquisição deste novo terreno, se as outras empresas de construção forem cumpridoras das suas responsabilidades, então, a empresa de construção que não paga atempadamente aos seus fornecedores vai surgir, nesta negociação, com maior poder de compra que a sua concorrência. É fácil percebermos que a empresa de construção deste exemplo vai adquirir uma posição de domínio no mercado da construção por força de um expediente que penaliza toda a sociedade e que nada tem a ver com a qualidade do serviço que presta. Quando estas práticas são adotadas, de forma generalizada, a sociedade torna-se pouco confiável.

A eficácia do sistema legal estende-se muito para além da capacidade que tem para dirimir os conflitos entre as pessoas, com rapidez e equidade. A eficácia do sistema legal define-se, sobretudo, pela forma como as suas regras de funcionamento induzem o comportamento oportunista positivo nos seres humanos.

Quando as pessoas adotam maioritariamente comportamentos oportunistas negativos, a perigosidade, que daí decorre para o bem-estar de todos nós, é hoje muito evidente.

A noção de justiça envolve o conceito de indemnização e o conceito de compensação. Independentemente do tecnicismo que a análise do Direito pode conferir aos dois conceitos, a verdade é que podemos definir a indemnização como o valor monetário que o lesado de uma determinada situação recebe do lesante, e considerar a compensação como a forma como o lesado sente que recuperou o mesmo nível de bem-estar que tinha antes de ser prejudicado. Do mesmo modo, justificando as preocupações do sistema judicial com o conceito de equidade, podemos considerar que a compensação acontece quando o lesante sente uma perda idêntica à que causou ao lesado.

Embora pareça ser de difícil medição, o conceito de compensação assume-se como um baluarte determinante da equidade legal. Com efeito, ao definir que o sentimento de perda sentido pelo lesante deve ser idêntico ao sentimento de perda que causou ao lesado, o conceito de compensação coloca no legislador uma dificuldade quanto à medição daqueles sentimentos.

No âmbito da medição dos dois sentimentos de compensação, a Psicologia forneceu-nos um contributo decisivo para encontrarmos a forma adequada para que o sistema legal garanta a sua eficácia e forneça um estímulo consistente ao comportamento oportunista positivo. Através da função valor, a Psicologia demonstra que a relação entre a aversão ao risco, no domínio dos ganhos, e a preferência pela segurança, no domínio das perdas é, pelo menos, de dois para um. Neste contexto, se o incumprimento contratual desenvolvido pelo lesante for compensado pela justiça com a obrigatoriedade de pagar o dobro da perda que causou ao lesado, ambos sentir-se-ão de forma semelhante no final do processo. Ou seja, o lesado sentir-se-á recompensado da perda que lhe foi causada e o lesante sentirá que a tentativa de obtenção de ganhos ilegítimos não se justifica. Mas a Psicologia, através da função valor, demonstra ainda que, perante uma regra deste género, o ser humano passa a adotar uma postura consciente, e preocupada, de procurar evitar causar danos a terceiros. Quer isto dizer que, se um incumprimento contratual for tratado judicialmente com a obrigatoriedade de indemnizar o lesado, pelo menos, pelo dobro do prejuízo quantificável, a justiça dá um passo decisivo para que a sociedade alcance dois desideratos: 1) todo o ser humano vai esforçar-se por evitar qualquer incumprimento contratual com terceiros; e 2) em caso de litígio, por desconhecerem previamente de que forma poderá o juiz decidir a contenda, as pessoas, para resolver a incidência, vão procurar alcançar um entendimento entre si, a bem, em vez de recorrer precipitadamente à litigação, de má-fé.

O sistema legal é determinante para garantir a predominância dos comportamentos oportunistas positivos nos seres humanos. Quando a justiça se limita a recorrer ao conceito de indemnização para reparar os conflitos emergentes entre as pessoas, caímos frequentemente nas situações em que o crime compensa. As pessoas têm espaço para atuar de má-fé. Quando a sociedade é capaz de compensar adequadamente os lesados, atingimos um estádio em que os efeitos da situação negativa inerente à ocorrência de um infortúnio, que ninguém queria que acontecesse, consegue ser adequadamente minimizado. As pessoas adquirem uma certeza generalizada que todos atuam de boa-fé. A criação de um sistema legal eficaz é crucial para tornar a sociedade mais confiável.

#6 Empenhar-se no "uso inteligente do software"

O xadrez é uma excelente plataforma demonstrativa de que o simples conhecimento das regras de um jogo não é suficiente para o sabermos jogar bem. Depois de conhecermos bem as regras de movimentação de cada peça, é o uso que damos às peças que permite aumentar ou reduzir o potencial que cada uma tem para ser decisiva para o desfecho final da partida. Um dos exercícios desta natureza, que o iniciante de xadrez aprende desde cedo, consiste na compreensão do poder do uso conjugado das duas torres. A partida de xadrez pode ser ganha quando as duas torres se combinam harmoniosamente em jogadas sucessivas na sétima fileira.

As cinco regras de movimentação da sociedade acima identificadas – decretar o pleno-emprego; impedir o uso de garantias reais na concessão de crédito; impedir a criação de dinheiro para conceder crédito ao consumo; garantir que a criação de dinheiro se destina ao crédito ao investimento; e criar um sistema legal eficaz – necessitam, todas elas, de recorrer ao "uso inteligente do software" para ser eficientes. Percebemos que a sociedade global está em competição consigo própria, num esforço permanente para consolidar os comportamentos oportunistas positivos e inibir os comportamentos oportunistas negativos. No entanto, uma vez mais, a intensificação do uso da tecnologia agita, em muitas pessoas, o medo da perda. Concretamente, face à experiência sentida no passado, o medo que o ser humano tem quanto à possibilidade de perder o seu posto de trabalho para um robô vai ser um alicerce social de resistência à sua implementação. Este medo relativamente ao "uso inteligente do software" é um adversário que tem de ser enfrentado.

A nossa sociedade atual fornece muitos exemplos de tentativas de ganhar o jogo sem que o processo de análise racional tenha sido bem consolidado. Dois destes exemplos são dados pelo esforço de proteção da propriedade intelectual e pela tentativa de fuga à fraude na atividade seguradora.

Em 1421, em Florença, Itália, um indivíduo inventou um dispositivo para transportar mármore e percebeu que só poderia garantir para si um lucro elevado da exploração daquela ideia se a restante sociedade fosse impedida de construir aparelhos semelhantes. Então, convenceu o governo local a reconhecer os seus direitos de autor e a garantir a exploração da sua invenção em regime de exclusividade, durante um determinado período de tempo. Mais tarde, em 1474, em Veneza, Itália, surgiu a primeira licença de exploração. Mas só em 1790, nos Estados Unidos, um país aprovou uma lei de patentes que garantiu ao seu inventor o direito de explorar o seu invento em regime de monopólio.

Esta foi a primeira jogada da parte do inventor – levar a sociedade a protegê-lo no sentido de lhe proporcionar um incentivo para que continue a inovar. Cumulativamente, a sociedade percebeu que, ao fazê-lo, a patente cai no conhecimento público. Esta situação permite o seu aperfeiçoamento e desperta a restante sociedade para outras possibilidades inventivas conexas. Apesar de se ter consciência que se atribui ao inventor a possibilidade de explorar a restante sociedade com a sua invenção, cria-se a regra de exclusividade com o intuito de colher benefícios que possam superar esse custo.

Mas, esta foi apenas a primeira jogada. E, ao comportamento oportunista positivo, sucede-se o comportamento oportunista negativo.

Vamos analisar primeiro os efeitos para a sociedade que decorrem das regras atuais de registo de patentes. Concretamente, um indivíduo que concebe um produto inédito, que não seja uma mera combinação de técnicas já existentes, e cuja invenção tem reconhecida aplicabilidade prática, pode registar a sua patente para com isso assegurar que a divulgação, fabrico e exploração da invenção serão controladas por si, durante um período de tempo perfeitamente definido.

Basicamente, temos dois tipos de patentes. A patente de invenção, que enquadra na totalidade a definição acima e tem habitualmente uma duração de vinte anos, e o modelo de utilidade, que reflete a criação de melhorias aplicadas a produtos já existentes e tem uma duração usual de dez anos. Na sua essência, o registo de patentes pretende criar um incentivo para que as pessoas se envolvam nas atividades de investigação e desenvolvimento de novas tecnologias, e sejam devidamente recompensadas por esse esforço. Pretende-se garantir que a sociedade vai desfrutar de um maior número de invenções disponíveis do que aquelas que supostamente aconteceriam na ausência deste mecanismo. Pretende-se incentivar o comportamento oportunista positivo.

No entanto, na prática, e dado que uma oportunidade é simplesmente uma circunstância favorável que é aproveitada por quem tem poder executivo para agir de imediato perante as condições percecionadas, os efeitos do uso de patentes sob as atuais regras de funcionamento da economia podem ter efeitos nocivos.

Está perfeitamente claro que o inventor só pode tirar proveito da invenção se uma de duas circunstâncias acontecer: ou o indivíduo possui poder financeiro para explorar devidamente a sua invenção; ou a pessoa vê-se forçada a vender a sua invenção à melhor oferta que conseguir obter num determinado período de tempo. No primeiro caso, a existência do mecanismo de registo de patentes, nos moldes em que funciona atualmente, torna-se redundante. A sociedade vai sempre beneficiar da invenção independentemente da existência do registo de proteção de patentes. No segundo caso, em que o inventor não consegue colocar a sua criação no mercado e tem de a vender a quem o pode fazer, esta invenção é adquirida por quem já está ativo nesse nicho de mercado com outros produtos. Nesta situação, a nova invenção é muitas vezes colocada em espera e, em vez de ser adquirida para ser comercializada, é adquirida para impedir a sua comercialização. O adquirente pretende apenas impedir as outras pessoas de fazer concorrência aos produtos obsoletos, e de menor qualidade, já comercializados por si no mercado. O adquirente adota um comportamento oportunista negativo, que prejudica a sociedade, e que o prejudica a si próprio quanto maior o número destas ações que for replicado por outras pessoas na sociedade.

O mecanismo de registo de patentes é uma ferramenta através da qual a sociedade tenta estimular o indivíduo que "pode" ser criativo, a sê-lo de facto. No entanto, tal como acontece sempre que estamos perante processos institucionais que procuram condicionar as escolhas dos cidadãos, as oportunidades abrem-se, no sentido positivo e negativo, e os seus efeitos finais só são inteiramente compreendidos quando a sociedade engrena em atitudes de cooperação.

Existem hoje numerosas invenções úteis colocadas em espera. Cumulativamente, existem empresas que identificam invenções úteis e esperam que fiquem caducadas para as poder utilizar. O registo de patente, ou modelo de utilidade, obriga ao pagamento de uma taxa anual de manutenção da proteção da propriedade intelectual do seu inventor, considerando-se que esta proteção caduca na falta do seu pagamento ou no fim dos períodos de proteção de vinte, ou dez anos, respetivamente. Para além das violações grosseiras ao mecanismo de proteção da propriedade intelectual, as quais só podem ser dirimidas em tribunal, esta forma de atuação da sociedade também não tem o ambicionado comportamento oportunista positivo que se pretendia alcançar quando surgiu a ideia de proteger a propriedade intelectual. O comportamento oportunista negativo também já fez a sua jogada.

A evolução tecnológica da sociedade permite-nos encontrar formas cada vez mais racionais de controlar as reações emocionais da sociedade. A criação da legislação sobre o uso de patentes e modelos de utilidade levantou a necessidade de adequar mecanismos de controlo e penalização sob pena da sua ineficácia ser imediata. Levantou-se uma primeira necessidade de exigir obediência. Posteriormente, mesmo obedecendo escrupulosamente ao que a lei preconizou, algumas empresas adquirem hoje invenções para impedir que possam ser colocadas no mercado a fazer concorrência aos seus produtos. A sociedade encontrou formas perversas de utilizar a lei. E é esta fantástica capacidade do ser humano de aproveitar as oportunidades, nos sentidos positivo e negativo, que nos leva ao progresso quando temos a humildade de perceber que há uma necessidade contínua de atenção e adaptação. Hoje, o uso inteligente do software possibilita que a sociedade global dê mais um passo em frente no sentido do progresso.

Pretende-se o aproveitamento contínuo da genialidade humana. Assim, para recompensar devidamente o esforço inventivo, ao mesmo tempo que se estimula a colocação em prática de cada nova invenção, no mais curto espaço de tempo que for possível, podemos recorrer ao uso inteligente do software, e fazer uma nova jogada, pela positiva.

Hoje, é possível criar um registo central de patentes e modelos de utilidade, atribuindo a cada nova invenção um registo único, sendo a sua divulgação partilhada à escala global. Cumulativamente, dado o estado avançado da tecnologia, também é possível garantir que cada utilização unitária da invenção proporcione ao seu criador um rendimento. Por exemplo, por cada unidade vendida de um bem que utiliza esta invenção, o inventor receberá um cêntimo, ou um euro, ou dez, ou o que o inventor determinar. Agora, ao invés de se garantir ao inventor uma exploração temporária em regime de monopólio, que só resulta bem quando o inventor tem capacidade financeira para explorar a sua invenção, podemos garantir que todas as pessoas que o quiserem fazer também podem explorar a invenção. E fazê-lo de imediato. Por um lado, o inventor, que não tem capacidade financeira para explorar a sua invenção, deixa de ter necessidade de a vender para ser recompensado do seu esforço. Por outro lado, o investidor, com capacidade financeira para explorar uma invenção, não tem de pagar antecipadamente pelo seu direito de exploração. Nem o inventor corre o risco de vender a sua patente a um preço demasiado baixo, nem o investidor é obrigado a correr um risco demasiado elevado na compra de uma invenção que ainda não sabe se será bem sucedida no mercado. O desenvolvimento da tecnologia permite à humanidade ir muito mais além do que aquilo que temos feito.

Um segundo exemplo, esclarecedor quanto à importância do uso inteligente do software para o progresso da humanidade, é proveniente da atividade seguradora.

O contrato de seguro baseia-se na observação consistente da sociedade de que as situações negativas e desagradáveis podem acontecer a qualquer um. Diz-se que o primeiro contrato de seguro terá surgido na época dos Fenícios, entre 1500 a.C. e 300 a.C.. Os Fenícios eram um povo mercador, muito ligado ao mar. Fruto desta sua cultura comercial marítima, este povo carregava galés, movidas à vela e a remos, com as mercadorias produzidas num determinado local e efetuava trocas comerciais com os povos de outras regiões. As galés regressavam a casa carregadas com outros víveres necessários à sobrevivência do povo local. No entanto, de vez em quando, uma ou outra galé era apanhada por uma tempestade e ia ao fundo. Quando isso acontecia, a sobrevivência das famílias dos proprietários daquelas mercadorias era penosa. Como estes acidentes não escolhiam galé, conta-se que o povo local criou um mecanismo de proteção da sociedade. Consistiu na construção de um armazém onde cada navio colocava uma pequena percentagem da sua carga antes da partida. Caso algum navio fosse ao fundo, a carga existente naquele armazém era destinada às famílias dos marinheiros infortunados que não regressavam. Alegadamente, assim terá surgido o primeiro "contrato" de seguro.

Mais ou menos a brincar, mais ou menos a sério, diz-se também que com ele surgiu a fraude. E uma ou outra vez, uma galé saiu vazia do ponto de partida...

Pela positiva, e mais a sério, o contrato de seguro consiste no esforço da sociedade em colocar de parte um pouco do seu rendimento para fazer face ao infortúnio de quem quer que seja, o nosso ou o dos outros. As seguradoras, cientes de que a fraude é um comportamento humano possível no aproveitamento das oportunidades detetadas, procuram criar processos de defesa. O mais habitual consiste no aumento do preço dos contratos de seguro quando o cliente participa um sinistro. A seguradora utiliza o seu software para se certificar que o cliente, a quem pagou uma indemnização ao abrigo de um contrato de seguro, terá agora de pagar mais nos períodos futuros.

Em casos extremos, as seguradoras chegam até a denunciar os contratos de seguro e não voltam a aceitar aquelas pessoas como seus clientes. Nestas situações, as seguradoras atuam pela negativa, baseadas no medo que têm de ser alvo de uma fraude.

O uso do software é utilizado pela indústria seguradora para criar uma base de dados que permite identificar os clientes que participam sinistros e garantir que conseguem fazer uma de duas coisas: 1) ou obrigam estas pessoas a pagar mais pelo seguro; e 2) ou impedem-nas de ter acesso a esta proteção. Para algumas pessoas faz sentido que a fraude seja punida. Para outras pessoas faz sentido que quem deu "prejuízo" à seguradora tenha de pagar mais do que os outros. No entanto, esta forma limitadamente racional de agir não beneficia nenhum elemento da sociedade.

A sociedade tem sempre uma perda, quer quando o preço do seguro é aumentado perante uma participação de sinistro, quer quando a seguradora rejeita fazer um contrato de seguro a alguém que regista "excesso" de sinistralidade. Tal como fizeram os Fenícios, o seguro foi criado para que cada um possa contribuir um pouco para garantir a proteção de todos, especialmente, quando o infortúnio acontece. Quanto maior o número de pessoas pagadoras, menor o preço a pagar para garantir essa proteção. O preço do seguro é dado pelo número médio de sinistros verificados num dado período de tempo, multiplicado pelo custo médio de cada sinistro, e adicionado de uma margem de lucro para pagar o trabalho da seguradora. Quanto maior o número de pessoas com um contrato em vigor, menor será o preço que a seguradora pode cobrar. Logo, sempre que a seguradora aumenta o preço do seguro de um cliente que tem um acidente, limita-se a fazer com que este procure outra seguradora, deixe de ter seguro, ou tenha menos disponibilidade financeira para fazer outros contratos de seguro. Em qualquer uma destas três situações, porque o custo do trabalho da seguradora não se altera, o preço dos seguros em carteira tem de subir. Os membros da sociedade ficam a pagar mais por cada contrato de seguro. A sociedade fica menos protegida se não existir outra seguradora a aceitar o contrato de seguro a um preço mais baixo. E a seguradora que se dedica a esta prática torna-se menos competitiva no mercado. Todos perdem.

O uso do software pode ser muito mais inteligente se for utilizado pela positiva. O contrato de seguro existe para que todos estejamos protegidos se o infortúnio acontecer a qualquer um de nós. Mas, sabemos que a fraude existe. Sabemos que a irresponsabilidade também existe. Assim, pretendemos inibir os comportamentos oportunistas negativos através dos quais, um ou outro membro da sociedade, procura tirar proveito dos restantes, mesmo tendo consciência que ele próprio vive pior se todos os outros fizerem o mesmo. No entanto, também percebemos que teremos de ter os contratos de seguro tão baratos quanto possível e distribuídos pelo maior número de pessoas possível da sociedade. Uma vez mais, afastamo-nos dos pensamentos intuitivos despoletados pela emoção e somos forçados a aprofundar o nosso raciocínio na evolução sequencial das jogadas futuras.

Na atividade seguradora, a fraude costuma surgir quando um dano acontece e a pessoa não se tinha ainda protegido contra essa possibilidade através de um contrato de seguro. Continuando esta linha de raciocínio, quanto menor o preço do seguro, maior o número de situações em que o valor dos danos é maior do que o preço a pagar pelo seguro; ou seja, quanto menor o preço do seguro, maior a possibilidade de existirem fraudes lucrativas para o seu perpetrador. Mas este é um raciocínio alicerçado no medo.

E, quanto maior o preço do seguro, menor o número de pessoas da sociedade que podem desfrutar dessa proteção. O comportamento oportunista negativo vai vencendo o jogo quando o medo prevalece.

À primeira vista, distribuir o maior número de contratos de seguro que conseguirmos ao preço mais baixo possível, é uma medida que pode até parecer um convite à fraude. No entanto, pela positiva, criámos uma regra que define o contrato de seguro e procuramos que este seja tão disseminado pela sociedade quanto for possível porque a proteção é uma situação benéfica para todos. Atentos ao comportamento oportunista negativo, percebemos que este processo pode ser explorado individualmente porque, como seres humanos, limitadamente inteligentes mas imensamente criativos, reconhecemos que todos temos estas capacidades. Assim, enquanto sociedade, não podemos prescindir dos benefícios que o lado positivo do contrato de seguro nos traz e temos de inibir o comportamento oportunista negativo. É necessário pois proceder à redução da recompensa perante o comportamento oportunista negativo.

Neste sentido, ao invés de procurar cobrar mais pelos contratos que evidenciam sinistralidade, as seguradoras devem adotar uma regra em que a indemnização a receber pelo segurado será sucessivamente menor, quanto maior o número de participações de sinistro que o indivíduo apresentar. Por exemplo, uma regra mais eficaz que o aumento do preço do seguro em caso de sinistro consiste na redução de uma percentagem da indemnização por cada cada participação apresentada previamente pelo cliente, nos últimos três anos. Por exemplo, podemos definir que a indemnização a receber pelo cliente será deduzida de 10% dos prejuízos apurados por cada participação que tiver sido feita às seguradoras antes daquela ocorrência. Deste modo, o primeiro sinistro será indemnizado na totalidade. O segundo sinistro sinistro será indemnizado a 90%, o terceiro a 80%, e por aí fora… Porque as pessoas não sabem quando o infortúnio acontece, nem qual a sua dimensão, a perspetiva de poder ficar desprotegida em cerca de 10% dos prejuízos indemnizáveis, de um azar que não se consegue quantificar antecipadamente, fará com que a pessoa apenas participe um primeiro sinistro quando de facto necessita que a proteção funcione. E a ideia de ficar reduzida a 20% após a primeira participação constitui um estímulo adicional muito forte para o cliente da seguradora evitar logo o primeiro sinistro. Além disso, sendo o seguro mais barato, maior será o número de pessoas a fazer o seguro com o intuito de assegurar proteção. A necessidade de fiscalização diminui muito porque a fraude diminui por iniciativa do cliente. A responsabilidade do cliente na prevenção dos sinistros também aumenta bastante. A seguradora pode confiar porque a regra torna o cliente mais confiável. Este segundo mecanismo regulatório, ao invés de se basear na penalidade e no medo, obtém a sua eficácia enaltecendo a recompensa.

Em geral, em todo o mundo, as seguradoras criaram um software informático para registo dos acidentes automóvel verificados por matrícula e tomador de seguro. Notavelmente, e lamentavelmente, as seguradoras desenvolveram um esforço articulado para conseguir tarifar com um preço mais elevado todos os cidadãos que tenham registo prévio de sinistros em todo o território. No entanto, a realidade é que o risco de acidente automóvel é exatamente o mesmo para um condutor experiente que teve um acidente ontem e para o mesmo condutor experiente há alguns meses atrás. Efetivamente, a ocorrência do acidente até pode conferir uma redução futura do risco porque o ser humano aprende com os erros.

Mas, por falta de foco e aprofundamento do raciocínio, a indústria seguradora recorre ao uso do software para penalizar este mesmo cliente após o acidente. O uso inteligente do software será sempre um desafio para a humanidade.

O desenvolvimento da tecnologia permite um aproveitamento cada vez maior da criatividade humana. Se esta capacidade for utilizada com o foco nas vantagens que o seu uso pode trazer à sociedade, estaremos em condições de criar um ambiente institucional próspero e confiável, onde cada ser humano vê estimulados os comportamentos oportunistas positivos e inibidos os comportamentos oportunistas negativos.

Vivemos hoje uma realidade em que a tecnologia nos ajuda a ultrapassar muitos medos. De uma forma muito específica, a tecnologia "blockchain" – cadeia de blocos – permite a partilha de dados através de uma rede de informações interligada em cadeia. A forma de ligação desta cadeia de dados é aquilo que a torna confiável. A tecnologia garante que os dados são cronologicamente consistentes porque não é possível excluir ou modificar os dados sem o consentimento da rede. Assim, qualquer tentativa de modificação dos dados carece de autorização conjunta dos elementos da rede. A tecnologia assenta, portanto, na descentralização da validação das operações. Não existe a presença de uma entidade supervisora, que significaria a criação de um ponto de vulnerabilidade. Ao fazer com que cada operação seja validada simultaneamente por toda a rede, ou por um número alargado e aleatório de participantes na rede, a tecnologia de "blockchain" constitui um mecanismo à prova de violações. Dado que os dados têm múltiplos espaços de armazenamento e verificação, sempre que alguém, exterior à rede, tentar introduzir uma alteração nos dados registados num determinado local, essa tentativa de adulteração será detetada porque os dados serão inconsistentes com outras localizações e não serão consensualmente validados pelos outros participantes da rede. A tecnologia de "blockchain" não inibe o comportamento oportunista negativo mas permite a sua deteção imediata, impede os seus efeitos negativos e previne a sua proliferação.

A tecnologia de "blockchain" está na base da criação e desenvolvimento das moedas digitais exatamente por ter estas características que lhe confere grande segurança na execução de operações financeiras. Esta segurança permite ao setor financeiro eliminar a necessidade de realizar operações de reconciliação financeira para se certificar da correção dos dados em arquivo. Mas outros setores de atividade económica também abraçaram a tecnologia. No retalho e na grande distribuição, as empresas recorrem à tecnologia de "blockchain" para monitorizar a movimentação de mercadorias entre vendedores e compradores, e garantir a integridade dos contratos. Na gestão de direitos de propriedade intelectual as empresas ligadas aos meios de comunicação e entretenimento utilizam a tecnologia de "blockchain" para garantir o correto cumprimento contratual dos valores acordados pelas vendas dos conteúdos desenvolvidos pelos artistas – músicos, escritores, etc. Na saúde, foi desenvolvido o prontuário médico eletrónico e o setor da Telemedicina está em franco desenvolvimento. A "blockchain" é uma tecnologia que ajuda o ser humano a ultrapassar as suas limitações na deteção do comportamento oportunista negativo e potencia a nossa criatividade para impulsionar o comportamento oportunista positivo.

A insegurança da sociedade aumenta quando as pessoas dependem de processos centralizados. Estas situações reduzem a nossa possibilidade de sucesso. Um exemplo simples é proveniente da recente crise pandémica provocada pela Covid-19. Concretamente, a Organização Mundial de Saúde, com sede na Organização das Nações Unidas, assumiu a liderança do processo à escala global. Verificou-se uma situação clara em que um indivíduo, uma organização ou um grupo, enquadrado numa estrutura hierárquica bem definida, exerceu o seu poder de forma arbitrária, e impôs condições a toda a população mundial. Consequentemente, a consciência desta realidade, conjugada com as nossas limitações no acesso e compreensão da pouca informação que nos foi chegando, fez com que passasse a fazer sentido pensar que se tratou de uma situação em que alguns seres humanos abusaram dos direitos, liberdades e garantias de todos os outros. Por outras palavras, a teoria da conspiração fará sempre sentido quando existe um controlo centralizado que impõe a sua vontade. E esta situação não contribui para que a sociedade possa vencer a partida.

O "software" tem sido usado pela humanidade para suprir as mais diversas limitações que o ser humano tem na execução das tarefas que se propõe fazer. Entre estas, podemos identificar a necessidade de estimular os comportamentos oportunistas positivos e inibir os comportamentos oportunistas negativos. Utilizar a tecnologia para aumentar a nossa capacidade neste domínio será como conseguir colocar as duas torres em ação na sétima fileira. Consequentemente, o "uso inteligente do software" é um passo fundamental para consolidar uma sociedade virtuosa, em que os comportamentos de respeito, tolerância e entendimento serão predominantes.

#7 Abolir as fronteiras e garantir a livre circulação de pessoas, bens e capitais

O bom jogador de xadrez protege todas as suas peças e está disposto a sacrificar a sua Rainha para vencer a partida. Cumulativamente, à medida que o jogo se desenrola e o equilíbrio entre a posição de cada jogador é dominante, um jogador pode decidir a contenda a seu favor se conseguir promover um Peão a Rainha, ou seja, se o jogador conseguir que um Peão atinja o outro extremo do tabuleiro. Para um jogador de xadrez, todas as peças são importantes para poder vencer a partida.

Apesar dos muitos exemplos que a história já forneceu, e que são encabeçados por Pisístrato, a importância de cada ser humano para o bem-estar dos remanescentes é algo que a humanidade ainda não aprendeu a valorizar devidamente. Mas, o desenvolvimento económico e social de Atenas constitui um dado empírico de como o bem-estar de uma sociedade depende da ação conjunta de muitos indivíduos que se especializam nas atividades que cada um faz melhor. Com efeito, mesmo que algumas pessoas não sejam capazes de fazer nada melhor do que as outras, o bem-estar da sociedade depende da ação conjunta de todos os indivíduos. E aí estamos perante um conceito que não é intuitivo.

Em meados do século XIX, o economista David Ricardo explicou ao mundo que um país tem vantagem em desenvolver trocas comerciais com outro país, mesmo quando esse outro país não é capaz de produzir nada tão bem quanto o nosso. O economista explicou que, para existirem vantagens nas trocas comerciais de bens entre os dois países, basta que ocorra uma situação de vantagem comparativa na produção de um determinado bem. A quantificação da ideia com um exemplo numérico ajuda muito a clarificar a pertinência, e importância, da conclusão do autor.

Por hipótese, consideremos dois países, "A" e "B", e dois produtos, "P1" e "P2", ambos igualmente valiosos para as populações dos países "A" e "B". Suponhamos que o país "A" consegue produzir duas unidades de "P1" por cada hora de trabalho, e o mesmo sucede em relação à produção de "P2". Suponhamos que a produtividade do país "B" é inferior ao país "A" tanto na produção de "P1" como na produção de "P2". Concretamente, por cada hora de trabalho, o país "B" consegue produzir uma unidade de "P1" e apenas meia unidade de "P2".

Neste contexto, podemos elaborar um quadro com a produção total diária dos dois países admitindo que ambos repartem oito horas diárias de trabalho para a produção de "P1" e "P2" e que, em ambos os países, as pessoas valorizam o benefício da diversidade – ou seja, as pessoas preferem dispor de "arroz" e "massa" a ter de passar pelo sentimento "outra vez arroz!…". Assim, no país "A", no final de um dia de trabalho, foram produzidas oito unidades de "P1" e oito unidades de "P2", correspondentes a quatro horas de trabalho dedicadas a cada produto multiplicadas pela produtividade de duas unidades por hora. Por seu turno, no país "B", analogamente, e no fim de um dia de trabalho, obtiveram-se quatro unidades de "P1" e duas unidades de "P2". A produção conjunta dos dois países atinge as 22 unidades dos dois produtos igualmente valiosos para as suas populações (de "A" = 8+8 e de "B" = 4+2).

Apesar do país "B" ser pior do que o país "A" na produção dos dois produtos, ambos têm a oportunidade de obter ganhos de produtividade se cada um se especializar na produção do bem que produz comparativamente melhor. Neste exemplo, no que respeita ao produto "P1", o país "A" produz duas unidades por hora enquanto o país "B" é capaz de produzir apenas uma. Portanto, o país "A" é duas vezes melhor que o país "B" na produção de "P1". Quanto ao produto "P2", o país "A" produz duas unidades por hora enquanto o país "B" é capaz de produzir apenas meia unidade. Então, na produção de "P2", o país "A" é quatro vezes melhor do que o país "B". Assim sendo, o país "A" tem uma vantagem comparativa na produção de "P2". Se o país "A" se especializar na produção de "P2" e o país "B" se especializar na produção de "P1", cada país especializa-se na produção do produto que faz comparativamente melhor e, então, em conjunto, os dois países atingem uma produção total de 24 unidades.

Este ganho de produtividade, que se obtém como resultado da especialização comparativa, não é intuitivo, mas é extremamente importante que a sua consciência seja adquirida. Tal como nos demonstrou Marilyn vos Savant no problema de "Monty Hall", o ser humano tem racionalidade limitada, mas aprende a pensar. Se a sociedade global entender que é possível produzir mais, trabalhar menos, e viver em paz para desfrutar da prosperidade, que razão poderá existir para que não o faça?

David Ricardo divulgou esta preciosa informação há, sensivelmente, cento e cinquenta anos. Demonstra, inequivocamente, que a abertura das fronteiras à livre circulação de pessoas e bens constitui, por si só, um fator de prosperidade e bem-estar. No entanto, ao longo do tempo, a Economia desenvolveu numerosos estudos sobre o tema. Até hoje, estes estudos não foram capazes de reunir unanimidade quanto ao contributo que a abertura das economias de cada país fornece para uma efetiva melhoria das condições de vida das populações.

Em 2011, o professor, e economista italiano, Pierluigi Montalbano, lidando com o tema da abertura das economias dos diversos países, salientou que os choques externos causados pela mão dos governos, através da adoção de determinados enquadramentos legais, deixa muitas vezes os membros mais pobres da sociedade desprotegidos contra os efeitos adversos que daqui podem resultar e, também, menos preparados para aproveitar as oportunidades, comparativamente com o que acontece com as pessoas mais ricas desses mesmos países. Consequentemente, na economia, para além do surgimento dos comportamentos que visam a obtenção dos ganhos de produtividade que advêm da abertura das fronteiras, desenvolvem-se outro tipo de comportamentos com o objetivo de tirar proveito imediato da situação. E o resultado final para a população é o somatório das consequências dessas ações. Este facto explica a ausência de unanimidade nas conclusões dos inúmeros estudos efetuados relativamente à pertinência da abertura de uma economia ao exterior. Apesar da humanidade ter conhecimento da prosperidade que pode advir da eliminação dos impedimentos à livre circulação de pessoas, bens e capitais, o poder dos nossos muitos medos, em conjugação com a nossa limitada racionalidade, tem-nos impedido de abraçar definitivamente os comportamentos oportunistas positivos e lidar adequadamente com os comportamentos oportunistas negativos.

<u>Ganhos de especialização na produção de bens igualmente valorizados</u>

1- Unidades produzidas /Hora de trabalho

País / Produto	P1	P2
A	2.00	2.00
B	1.00	0.50

2- Afetação de tempo de trabalho por produto, SEM especialização (em horas)

País / Produto	P1	P2
A	4.00	4.00
B	4.00	4.00

3- Produção/dia (8 horas de trabalho), SEM especialização (=1x2)

País / Produto	P1	P2
A	8.00	8.00
B	4.00	2.00

Resultado	A+B	22.00

4- Afetação de tempo de trabalho por produto, COM especialização (em horas)

País / Produto	P1	P2
A	0.00	8.00
B	8.00	0.00

5- Produção/dia (8 horas de trabalho), COM especialização (=1x4)

País / Produto	P1	P2
A	0.00	16.00
B	8.00	0.00

Resultado	A+B	24.00

Nota: Baseado em Sousa, A. (1988) "Análise económica"

Os efeitos da abertura de fronteiras são positivos, tanto para os países ricos, como para os países pobres. Angola é um país rico em recursos naturais. Mas, esta capacidade não se traduz adequadamente em prosperidade para o seu povo. Especialmente, o país possui diamantes, petróleo, ferro, cobre, manganês, mica, fosfato, chumbo, estanho, ouro, prata e platina. Para além dos minerais, possui também café, gado, terras aráveis e importantes recursos de pesca. Angola é um país com 1.247.000 quilómetros quadrados. É um território maior do que Portugal, Espanha e França, todos juntos. A população de Angola tem, aproximadamente, 35 milhões de habitantes, e é menos de um terço da População de Portugal, Espanha e França, que juntos superam os 125 milhões de pessoas. O Produto Interno Bruto (PIB) de Angola, em 2021, foi de 1.652 euros por habitante. Também em 2021, mas para Portugal, Espanha e França, o respetivo PIB per capita foi de 20.772 euros para Portugal, 25.453 euros para Espanha e 36.915 euros para a França. Em termos materiais, a população de Portugal, Espanha e França vive muitas vezes melhor do que a população de Angola. Se se implementar a livre circulação de pessoas, bens e capitais, entre um país como Angola e outros países como Portugal, Espanha e França, então o saber-fazer de cada indivíduo será direcionado para aproveitar cada oportunidade que deteta. E todas as pessoas são importantes no processo: angolanos, portugueses, espanhóis e franceses.

O jogador de xadrez não pode prescindir de um peão. No limite, para vencer o jogo, o indivíduo apenas pode entrar num processo de trocas cuja sequência conduzirá a um resultado final vantajoso para o jogador com maior profundidade de raciocínio. Para que a nossa sociedade global possa ser bem sucedida também é preciso que adote os comportamentos oportunistas positivos. E um passo fundamental consiste em não deixar ninguém para trás.

Xeque-mate

Uma das lições mais difíceis de aprender no xadrez é que a concretização de um xeque-mate requer, habitualmente, muito cuidado e uma elevada preparação. Mesmo quando um jogador está em vantagem clara no tabuleiro, o adversário pode ainda empatar a partida se conseguir atingir as situações de "xeque perpétuo" ou "empate por afogado". A situação de "xeque perpétuo" acontece quando o jogador em desvantagem consegue encontrar uma forma de ameaçar o rei adversário com xeque, deixando apenas uma casa de fuga ao rei em vantagem. Quando o rei em vantagem foge para a única casa disponível, o jogador em desvantagem volta a fazer um novo xeque a esta posição, forçando o rei em vantagem a fugir novamente para a casa inicial. Dado que esta situação não tem termo, o jogo considera-se empatado. A situação de "empate por afogado" acontece quando, cumulativamente, acontecem três coisas: 1) o rei do jogador em desvantagem não está em xeque; 2) qualquer movimento seu colocá-lo-ia em xeque; e 3) não é possível ao jogador em desvantagem mover qualquer outra peça diferente do seu rei. A busca pela situação de "empate por afogado" leva a que o jogo se prolongue mesmo quando a desvantagem material de um jogador é enorme. Para ele, persiste a esperança de ainda conseguir evitar a derrota aproveitando um eventual deslize do oponente. Portanto, qualquer que seja a vantagem que um jogador tem na partida, o insucesso pode bater à porta, a qualquer momento, através de uma pequena distração.

Para que a sociedade humana possa vencer o desafio que mantém consigo mesma, é necessário termos consciência das nossas limitações racionais, dos nossos medos, e de quão elevada se apresenta a possibilidade de insucesso se não nos prepararmos devidamente para impedir que aconteça. A criação de uma sociedade confiável, em que cada ser humano adota naturalmente os comportamentos oportunistas positivos e se inibe, a si próprio, de praticar comportamentos oportunistas negativos, é algo que não é intuitivo, não é imediato de se conseguir, e também não é fácil de se alcançar. Mas é possível.

O primeiro passo consiste na implementação de uma sociedade de pleno-emprego. É o primeiro passo no sentido de não deixar ninguém para trás. É o primeiro passo para que a sociedade se assuma como una e sã, ao invés de fracionada e doente.

As vantagens de uma sociedade de pleno-emprego são várias, mas há algumas consequências positivas para todos, que não são intuitivas, e merecem destaque.

Uma das vantagens mais salientes da sociedade de pleno-emprego é o seu poder para combater a poluição. Hoje, vivemos uma realidade em que a sociedade não garante o emprego a toda a população ativa e, para poder sobreviver, as pessoas precisam de vender os bens e serviços que produzem. Dado que as empresas competem entre si pela preferência dos consumidores, e estes preferem pagar o menos possível pelos produtos que consomem, então nenhuma empresa pode, de ânimo leve, deixar de procurar produzir ao menor custo possível. Se os custos de produção tiverem de envolver a realização de investimentos avultados, destinados a eliminar a poluição que a atividade económica da empresa causa, estes investimentos vão representar um ameaçador acréscimo de custos e uma de duas coisas vai acontecer: 1) ou o lucro diminui se a empresa mantiver o seu preço de venda; 2) ou o preço de venda tem de aumentar e a empresa vai perder competitividade no mercado. Consequentemente, na sociedade atual, em que o lucro é a preocupação dominante do empresário porque a sua sobrevivência depende dele, as empresas não estão vocacionadas para abraçar, de livre vontade, práticas não poluentes sempre que isso represente um acréscimo dos seus custos de produção.

No entanto, perante a implementação da sociedade de pleno-emprego, o lucro tende para zero, e cada empresário, e cada trabalhador, todos passarão a importar-se apenas com a dimensão do seu salário. A sobrevivência de cada ser humano já não depende mais de ter de se ter lucro com aquilo que se produz, mas antes em ter de fazer bem aquilo que se produz. Um empresário passa a ter a opção de fechar a sua, pouco produtiva e poluente, pequena empresa, e ir trabalhar para uma empresa de maior dimensão onde consegue auferir um salário pelo menos igual à remuneração que retira da exploração do seu negócio. A sociedade de pleno-emprego dá a opção às pessoas de serem empregados ou empregadores, de acordo com a função em que consideram que podem ser mais úteis. A sociedade de pleno-emprego é uma sociedade maximizadora do salário e esse fator, por si só, dota a sociedade da certeza que os seus elementos se podem empenhar na eliminação da poluição.

Em 2010, a professora, e economista, Antoinette Schoar sublinhou as diferenças entre o empreendedorismo de subsistência, que acontece na generalidade das economias em desenvolvimento, e o empreendedorismo transformacional, que permite que a sociedade atinja níveis de produtividade verdadeiramente elevados. Ao possibilitar que as pessoas optem por ser empregadores ou empregados, a sociedade de pleno-emprego vai fazer com que as empresas tendam a ter dimensão, aproveitem economias de escala, e sejam cada vez mais eficientes nos seus processos de produção. O empreendedorismo transformacional carece de uma base institucional que permita que as pessoas sejam naturalmente direcionadas para a adoção de comportamentos oportunistas positivos.

Existem mais vantagens a considerar que são pouco intuitivas. Uma delas reside na liberdade que as empresas passam a ter para fixar o preço de venda que entenderem.

Com as regras de implementação do pleno-emprego, a sociedade passa a poder abrigar empresas monopolistas, no sentido de serem as únicas operadoras do mercado, sem que isso represente qualquer tipo de perda para a generalidade dos cidadãos. Hoje, a empresa monopolista tira proveito da sociedade ao definir um preço de venda muito acima do seu custo de produção, disponibilizando à sociedade uma pequena quantidade de produto, face às quantidades totais que consegue produzir. Mas, com as regras de implementação do pleno-emprego, serão as empresas mais lucrativas as primeiras a receber as pessoas desempregadas. Logo, os empresários vão ter consciência que os lucros serão momentâneos caso mantenham a política comercial de "preço alto - produção baixa" demasiado tempo. Em 1977, os professores, e economistas, Avinash K. Dixit e Joseph E. Stiglitz – este último foi prémio Nobel da Economia em 2001 – salientaram que a sociedade beneficia de uma maior diversidade de produtos disponíveis quando as empresas adotam práticas de competição monopolista. Ou seja, quando, no mercado, as empresas buscam ser monopolistas num determinado nicho, a sociedade vai ter ao seu dispor um maior número de bens. Umas empresas dedicam-se ao fabrico de chocolate, outras ao fabrico de rebuçados, outras ao fabrico de bolachas, e por aí fora, e a comunidade beneficia de uma maior diversidade de doces para consumir. Em pleno-emprego, as empresas monopolistas, que adotam este tipo de práticas, independentemente de praticarem os preços tão elevados quanto a procura que lhes é dirigida o permite, induzem uma cada vez maior especialização empresarial em nichos de mercado específicos. Cumulativamente, as empresas vão maximizar os salários dos seus trabalhadores. Naturalmente, o rendimento das empresas é distribuído pela população ativa como consequência do empenho colocado nas práticas de competição monopolista. O preço de venda dos produtos vai diminuindo uma vez que o rendimento global da sociedade é distribuído por um número cada vez maior de produtos, os quais, muitas vezes, são substitutos entre si. A sociedade pode assim confiar que o preço de venda dos bens ao dispor da comunidade é tão baixo quanto é possível, sem precisar de depender da qualidade, e capacidade de ação, das autoridades criadas em cada país para garantir a concorrência entre as empresas.

Estas regras estão alinhadas com a explicação dada em 1776, por Adam Smith, quanto ao interesse da sociedade em permitir que o produtor fixe livremente o seu preço. O autor explicou que o funcionamento do mercado livre, permitindo que os produtores decidam arbitrariamente o preço de venda dos seus produtos, é crucial para o bem-estar das populações porque adequa naturalmente as quantidades consumidas e produzidas. O autor refere, com simplicidade e mestria, o exemplo do preço do milho. Num ano de boa colheita, em que muitas toneladas de milho podem ser distribuídas pela população, o preço unitário do milho pode ser mais baixo, mantendo o produtor o valor da sua receita. Num ano de má colheita, em que as toneladas de milho a distribuir pela população são agora muito menores, o preço do milho tem de ser bastante mais elevado. Desta forma, a sociedade garante que o consumo do milho, ao longo do tempo, será feito de forma gradual e adequada para sua disponibilidade. Evita-se, assim, a fome extrema que poderia surgir caso o ritmo de consumo das quantidades unitárias de milho se mantivesse a mesma num ano de má colheita, como se de um ano de boa colheita se tratasse. Adicionalmente, ao garantir a receita do agricultor no ano de má colheita, a sociedade também garante que o produtor se mantém em atividade para o ano seguinte. No nosso caso, implementando o pleno-emprego com as regras definidas na primeira jogada, garantimos que até o preço praticado por uma empresa monopolista é aquele que melhor serve os interesses da comunidade.

Outra vantagem da implementação de uma sociedade de pleno-emprego consiste na possibilidade de erradicar completamente o efeito negativo dos impostos na sociedade. Isso não significa que não exista necessidade de trocar uma parte do nosso trabalho pelo trabalho daqueles que constroem e mantêm as estradas, que limpam as nossas ruas, ou que salvaguardam os fornecimentos de água, luz, comunicações, segurança e educação. Mas estas empresas, sejam de propriedade pública ou privada, apenas têm de existir enquanto forem úteis e podem ser encerradas, sempre que deixem de ser necessárias, sem que daí resulte a impossibilidade de sobrevivência para quem quer que seja. E, também, sem que isso represente uma diminuição da procura agregada dirigida aos bens e serviços produzidos na economia.

Com a implementação da sociedade de pleno-emprego, as pessoas adquirem a capacidade de recusar prejudicar outrem, ainda que recebam uma ordem expressa para o fazer. O facto de não existir mais medo de se despedir, ou ser despedido, confere ao empregado a faculdade de fazer ouvir o que a sua consciência dita. Estando a sobrevivência e qualidade de vida, da totalidade da população, completamente assegurados, a sociedade passa a poder dizer "NÃO" aos comportamentos oportunistas negativos. E a fazê-lo voluntariamente. As farmacêuticas passam a poder deixar de elaborar medicamentos que apenas suprimem os efeitos desagradáveis dos sintomas aos invés de proporcionar uma cura definitiva do doente; os construtores de automóveis passam a poder construir veículos fiáveis, e duradouros, ao invés de enfraquecer a durabilidade dos componentes para obrigar os clientes a compras frequentes no futuro; as oficinas de mecânica passam a poder ser verdadeiras quanto aos trabalhos que fazem nos automóveis dos seus clientes; os pasteleiros passam a poder evitar etiquetar um bolo feito ontem como tendo sido feito hoje; os professores passam a poder deixar de temer que os alunos filmem as suas aulas; as greves deixam de existir por serem agora completamente inúteis; os políticos podem parar de mentir; etc; etc; etc. A sociedade torna-se mais confiável, não porque as regras dizem para o ser, mas porque cada cliente sabe que as pessoas que lhe vendem um bem, ou prestam um serviço, não têm a sua sobrevivência dependente de o enganarem.

A implementação da sociedade de pleno-emprego é o único processo através do qual se pode lidar eficientemente com os problemas da escassez, da pobreza e da desigualdade. Apesar de se tratarem de três situações distintas, o cidadão comum tem tendência para considerar que são a mesma coisa. Por um lado, a produtividade da sociedade só é máxima quando opera em pleno emprego. Logo, a sociedade adquire uma maior capacidade para evitar a situação de escassez. Em segundo lugar, a existência de situações de pobreza extrema só persiste porque a sociedade exibe problemas na distribuição dos recursos disponíveis entre os membros da sua população. Em pleno-emprego, a distribuição da produção por toda a população ativa fica automaticamente assegurada. Por último, a desigualdade social é a simples manifestação do domínio dos comportamentos oportunistas negativos de alguns membros da sociedade sobre os outros. A nossa racionalidade limitada impede-nos de ter uma profunda consciência destas nossas dificuldades. Mas a implementação de uma sociedade de pleno-emprego dá uma ajuda decisiva para que possamos ser bem sucedidos.

Apesar da importância de tudo o que acima se referiu, a vantagem mais saliente da sociedade de pleno-emprego é a sua capacidade para erradicar a ocorrência de crises económicas. Tal como foi salientado por Milton Friedman, prémio Nobel da Economia em 1976, a crise económica é sempre um período de escassez no meio da abundância. É um período em que há pessoas a passar fome existindo recursos humanos e materiais por utilizar. É também um período de crise social que salienta a nossa racionalidade limitada e põe em evidência as nossas dificuldades para nos organizarmos convenientemente enquanto comunidade global.

As crises económicas podem surgir por apenas três razões: 1) a retirada de dinheiro da economia; 2) a diminuição do consumo por parte da procura agregada; e 3) a redução da produção por parte da oferta agregada. A sociedade controla todas estas possibilidades se implementar as sete jogadas que permitem controlar o comportamento oportunista negativo dos seus membros. No entanto, a erradicação de qualquer crise económica da sociedade carece de esclarecimentos adicionais.

Primeiro, no atual ambiente institucional, sempre que o sistema financeiro retira dinheiro da economia, as pessoas ficam com menor poder de compra para adquirir os bens produzidos pelas empresas, aos preços praticados pelo mercado. Consequentemente, as empresas deixam de vender toda a sua produção. Nesta realidade, para sobreviver, os empresários sentem que têm de produzir menos, reduzir os salários, despedir pessoas, ou implementar uma combinação destas três medidas de gestão. Qualquer uma destas medidas vai implicar uma redução adicional da procura agregada que é dirigida aos bens produzidos pelas empresas. E a crise económica é consolidada. Numa sociedade de pleno-emprego, este ciclo vicioso negativo é estancado, logo à partida, pelo facto de construirmos uma sociedade onde o pleno emprego é sempre garantido. O facto das pessoas continuarem a trabalhar, de os empresários poderem ajustar salários sempre que entenderem, e das empresas não terem estímulos para reduzir a produção com a finalidade única de assegurar os níveis de lucro, faz com que a sociedade assegure permanentemente os níveis mais elevados de procura agregada que consegue manter. Por conseguinte, as empresas também podem manter os níveis de produção na sua capacidade máxima. E isso impede que o ciclo económico negativo tenha qualquer possibilidade de ocorrência.

Em segundo lugar, e do mesmo modo, se a sociedade ficar satisfeita com o consumo de um determinado bem, ou conjunto de bens, pode prescindir da manutenção forçada, e inútil, da produção de quantidades adicionais. As pessoas que estão empregues nessa atividade económica passam para outra, e os seus conhecimentos e capacidades continuam a ser úteis à sociedade sem que ocorra a diminuição geral do poder de compra da procura agregada. A economia ajusta as suas quantidades e preços, dentro da normalidade, sem stresses, sem contratempos, e sem provocar qualquer estímulo adicional para consolidar um ciclo económico negativo.

Por fim, sempre que as empresas reduzam a produção e pratiquem preços mais elevados, criarão, de imediato, oportunidades para que outras pessoas se dediquem as essas atividades económicas, empreguem as pessoas que acabam de ser despedidas e anulem esse impulso económico negativo. Se a ação for intencional, estes comportamentos monopolistas já não podem despoletar futuras consequências negativas adicionais para a sociedade. Se a ação não for deliberada, como, por exemplo, se a redução da produção for causada por um fenómeno da natureza, então a sociedade envereda naturalmente pelos ajustamentos necessários, e adequados, para repor as condições de vida de todas as pessoas, sem deixar ninguém de fora.

A sociedade de pleno-emprego, alicerçada nas sete jogadas acima identificadas, permite proteger a sociedade contra a possibilidade de ocorrência de qualquer crise económica. Construiremos uma sociedade que ri. Construiremos uma sociedade que se apoia mutuamente sempre que o infortúnio surgir.

A sociedade do pleno-emprego é um passo decisivo para tornar dominantes os comportamentos oportunistas positivos – aqueles que nos fazem a todos viver melhor quanto mais vezes são replicados pelas outras pessoas.

Vimos que o posicionamento das nossas peças precisa de uma preparação cuidada se pretendermos concluir o jogo com um bem sucedido xeque-mate final. A implementação da sociedade de pleno-emprego carece de ajustamentos em diversos processos institucionais sobre os quais os nossos comportamentos quotidianos se baseiam. São estes ajustamentos que consolidam um conjunto de vantagens que, frequentemente, não são intuitivas para nós.

A abolição do uso de garantias reais nas operações de crédito é um dos ajustamentos fundamentais. Primeiro, o acesso às operações de crédito generaliza-se a todas as pessoas em geral, independentemente da riqueza prévia que possuem. Segundo, os bancos passam a focar o seu processo de decisão na perceção que têm relativamente à qualidade do plano de negócios em análise e não se distraem com interesses imobiliários, ou de qualquer outra natureza, divergentes da atividade económica desenvolvida pelo cliente. Terceiro, em caso de dificuldades temporárias das empresas, ao invés dos bancos serem inflexíveis e forçarem a cobrança das garantias reais, deixando o empresário sem soluções, os bancos passam a ter uma motivação efetiva para rever as condições negociais dos seus créditos sempre que o negócio do cliente apresentar viabilidade futura. Quarto, o próprio custo de produção de uma operação de crédito bancário diminui. São menos registos, menos burocracia, menos dificuldade nas negociações e maior rapidez na resposta ao pedido do cliente. Toda a sociedade fica a ganhar com a abolição das garantias reais nas operações de crédito.

A terceira jogada, para posicionarmos a sociedade no estímulo consistente dos comportamentos oportunistas positivos, é impedir a criação de dinheiro para o crédito ao consumo. Esta medida acarreta duas grandes vantagens para a sociedade. Uma, contribui decisivamente para impedir o agravamento das desigualdades remuneratórias entre empregadores e empregados. Outra, garante que as poupanças das pessoas passam a ser devidamente remuneradas pelo sistema financeiro. Note-se que, caso qualquer uma destas jogadas não se concretize, porque deixamos um espaço aberto para que os comportamentos oportunistas negativos possam acontecer, corremos um risco sério de não vencer o jogo.

A quarta jogada consiste em garantir que a criação de dinheiro novo é exclusivamente dedicada ao crédito ao investimento. Ao criar dinheiro novo, o sistema financeiro está a elevar o seu próprio poder de compra, no futuro, e a aumentar o poder de compra dos empresários que, de imediato, vendem mais caro os produtos já produzidos. Mas, ao certificar que este poder de compra adicional se destina apenas aos empresários, a sociedade garante que esse privilégio, que alguns felizes empresários vão receber agora, tem por fim aumentar a quantidade de produtos e serviços disponíveis para todos, a preços mais baixos. Os bancos são, uma vez mais, incentivados a privilegiar as boas ideias de negócio independentemente da riqueza material prévia que os proponentes das operações de crédito já têm. Com esta jogada garantimos que a dinâmica positiva de empreendedorismo estará ao alcance de qualquer pessoa. Simultaneamente, a aplicação contínua do uso da imensa criatividade humana também estará sempre presente na nossa sociedades. Por último, conseguimos que os comportamentos oportunistas negativos deixem de fazer sentido. Cessa o recurso a atos de suborno, tráfico de influências, ou outras práticas que visam que um indivíduo, organização ou grupo tire uma vantagem ilegítima sob a sociedade porque o banco apenas estará focado no sucesso e análise de cada ideia de negócio. E nada mais. A sociedade torna-se confiável, não porque existe uma fiscalização apertada que o permite concluir, não porque existe uma entidade certificadora que o diz, não porque existe um amigo que o afirma, mas sim porque sabemos, sem dúvida, que a motivação das pessoas é unicamente direcionada no sentido de adotar comportamentos oportunistas positivos, porque os comportamentos oportunistas negativos se tornaram absurdos.

A nossa quinta jogada tem por objetivo elevar ainda mais o despropósito da adoção de comportamentos oportunistas negativos. Um sistema legal é eficaz quando todos os membros da sociedade em geral percebem que o crime não compensa. Para que o crime possa ser compensador, temos de levantar algumas considerações: 1) estará a pessoa que pratica um crime acima da lei?; 2) estará a lei a prever uma penalidade de valor inferior à recompensa que o crime proporciona?; e 3) será a justiça lenta, desatenta, ou ineficaz, que permite que o praticante de um crime possa sair ileso? Algumas destas questões começam a ser debeladas com a situação de pleno-emprego.

Com a implementação da sociedade de pleno-emprego, de acordo com as regras identificadas anteriormente, as empresas ou atividades de maior lucro serão as primeiras a ser pressionadas para partilhar esses lucros com os seus empregados. Logo, o crime de natureza económica torna-se automaticamente menos compensador porque a sociedade passa a possuir um mecanismo natural de correção se a informação relativa aos lucros das operações estiver devidamente registada. Do mesmo modo, fará cada vez menos sentido que exista alguém acima da lei porque as pessoas se tornam cada vez mais iguais no acesso às oportunidades que a vida social lhes concede. Por último, adensa-se o incentivo para que a sociedade rejeite a existência de criminosos, que fazem mal a outrem, porque todas as pessoas passam a ter consciência que ninguém tem necessidade de agir de forma a prejudicar as outras pessoas em proveito próprio. No entanto, um sistema legal eficaz tem de ser rápido, e atuante, para ser de reconhecida utilidade para a sociedade.

A consolidação dessa certeza só se adquire quando o incumprimento contratual é deliberadamente evitado pelos intervenientes num processo. Hoje, os conflitos proliferam na sociedade porque o crime compensa. Um cliente disse-me um dia que *os papéis fizeram-se para salvaguardar as boas intenções*. E tinha razão. É, com o cuidado de traduzir a escrito aquilo que as pessoas pensam, que se consegue evitar diferenças de interpretação entre o que uma parte entendeu e o que a outra parte queria dizer. No entanto, a imersão excessiva em processos burocráticos faz com que se perca de vista a razão-mor daquele contrato e se possam vir a utilizar as dúvidas relativamente a um detalhe contratual para defraudar as expectativas do outro. Frequentemente, o enquadramento legal do contrato fornece desculpas para o seu incumprimento. Um sistema judicial eficaz precisa de o saber evitar. E a Psicologia mostra que é necessário que a inibição do incumprimento contratual seja estimulada pela sociedade ao considerar o dobro do prejuízo causado como sendo a compensação devida. Com esta jogada, a sociedade consegue, finalmente, sentir que o crime não compensa. A adoção dos comportamentos oportunistas negativos tornar-se-á pouco provável porque vai provocar um sentimento de justiça que a Psicologia hoje demonstra ser o limite mínimo para que o ser humano se considere compensado da perda que lhe foi imposta e o lesante sinta que foi, justamente, diminuído dos ganhos ilegítimos que procurava obter.

Poder-se-á pensar que o comportamento oportunista negativo adquire aqui um espaço de ação. Facilmente, a nossa mente será assolada pela ideia de que algumas pessoas irão tentar tirar proveito de outras, alegando um incumprimento contratual qualquer, só para obter um ganho. Neste caso, estaremos perante um litigante de má-fé o qual, a provar-se, também terá de indemnizar a dobrar os prejuízos que causar com a sua ação fraudulenta. Dada a nossa imensa criatividade, e atendendo à nossa racionalidade limitada, a sociedade não pode dispensar a presença de um sistema legal eficaz. As vantagens de um sistema legal virtuoso não se limitam à inibição dos comportamentos oportunistas negativos, mas estendem-se, sobretudo, ao estímulo adicional dos comportamentos oportunistas positivos.

O "uso inteligente do software" adquire assim uma importância decisiva para que a sociedade possa dar xeque-mate ao comportamento oportunista negativo. Todas as medidas anteriores necessitam de uma base de informação que seja sólida, fidedigna, segura, e confiável. Uma informação na qual a tomada de decisão humana se possa alicerçar. As pessoas passam a poder tomar as suas decisões com base em factos, movidos pela sua análise situacional, e livres de preconceitos e pressões de qualquer natureza. Ao invés de se concentrar nas ações que lhe vão permitir explorar os outros, cada pessoa estará ciente de quão importante é, ela própria, para a restante sociedade. O indivíduo estará focado em fazer bem aquilo que gosta de fazer, em se dedicar às atividades profissionais que lhe dão prazer, e terá consciência do real valor que a sociedade lhe atribui na execução dessas tarefas. O "uso inteligente do software" é uma ferramenta indispensável para impulsionar o comportamento oportunista positivo, fazendo com que cada indivíduo procure tomar as suas decisões, dotado da informação que é relevante para si. O "uso inteligente do software" é a jogada que nos permite garantir a superioridade dos comportamentos oportunistas positivos no jogo.

A sociedade de um país que resolver colocar em prática estas seis jogadas de combate aos comportamentos oportunistas negativos vai ter mais sucesso do que aquela que não o fizer.

Mas a sociedade humana é composta por mais de oito biliões de pessoas, e ninguém pode ficar de fora. Se deixarmos alguém de fora, então a sociedade estará a assumir que uma parte de si própria é desinteressante, ou desprezível. Será como conseguir ter um "empate por afogado" ou levar com um "xeque perpétuo". E nós podemos vencer a partida. Basta-nos estar atentos ao posicionamento das nossas peças.

Se a sociedade global garantir a livre circulação de pessoas, bens e capitais, então os recursos irão naturalmente para os locais que proporcionam as melhores condições de vida às pessoas. É irrefutável que os efeitos positivos do governo de Pisístrato em Atenas se estenderam a outros povos do mar Egeu. E o seu governo, desde que começou até que acabou, não chegou a durar vinte anos. Se Angola abrir as suas fronteiras a portugueses, espanhóis e franceses, então, muitos empresários europeus vão correr para Angola com o intuito de aproveitar os seus recursos naturais. Ao mesmo tempo, muitos angolanos irão correr para Portugal, Espanha e França, para aprender nas universidades, aprender nas empresas europeias, e desfrutar dos salários mais altos na Europa. Se os quatro países adotarem as sete regras, as quatro sociedades irão elevar a qualidade de vida de todos, sem exceção, e vão conseguir, muito rapidamente, uma invejável equidade social comparativamente com a realidade de hoje.

Com a implementação destas regras de forma unânime, além de fomentar com entusiasmo o comportamento oportunista positivo, a sociedade global também inibe os comportamentos oportunistas negativos, que a todos prejudica. O tráfico de influências, os subornos, as práticas enganadoras, as greves, as manifestações, e o uso da violência para garantir o acesso exclusivo aos recursos naturais, todos eles, pura e simplesmente, deixam de fazer sentido. As sete regras fazem com que o trabalho seja devidamente compensado, tanto o esforço do empregador, como o empenho do empregado. Mas as sete regras também fazem com que a posse dos bens materiais seja apenas uma consequência natural da apetência das pessoas para a função. Dito de outra forma, o que será importante para a sociedade é a forma como a propriedade é utilizada e não quem detém a propriedade. A sociedade global estará então em condições de primar pela paz e segurança de todos os seus membros. Ninguém fica de fora. Ninguém tem interesse nisso. Estaremos em condições de fazer xeque-mate aos comportamentos oportunistas negativos.

Serendipity"

Fazer xeque-mate aos comportamentos oportunistas negativos é algo que só os governos podem fazer. Em 1995, o sociólogo Mark Suchman, no seu fabuloso artigo académico sobre gestão da legitimidade, com o título "Managing legitimacy: strategic and institutional approaches", alertou que as organizações, como é o caso dos governos de cada país, precisam de "fazer sentido" perante a sociedade para evitarem ser questionados. Contudo, alertou que as organizações precisam também de "ter valor" de facto e ser uma salvaguarda contra a falta de bom-senso. A verificação desta interdependência entre as instituições e a sociedade implica que os governos não poderão fazer xeque-mate aos comportamentos oportunistas negativos sem que a sociedade, previamente, os legitime para tal.

A primeira vez que li a palavra "serendipity" foi num artigo académico. Nunca a tinha ouvido. Nunca a tinha lido. Não sabia o seu significado.

Fui ao dicionário português-inglês e a tradução veio simplesmente "acaso". No entanto, esta tradução não fazia sentido quando colocada no contexto do artigo académico que eu estava a ler. Fui então procurar o significado de "serendipity" no dicionário de inglês. Finalmente, percebi que "serendipity" significa uma feliz descoberta, ou a sorte de encontrar algo precioso de forma inesperada. Para mim, por simplicidade, "serendipity" significa "acaso feliz".

Há alguns anos atrás ocorreu um "acaso feliz" que me levou a questionar profundamente a natureza humana. No seu mural do "facebook", uma amiga minha partilhou um vídeo de uma corrida de atletismo onde só participavam jovens com Síndrome de Down. Era uma corrida em pista e seis ou sete atletas corriam, mais ou menos aceleradamente, uma prova de curta distância. A uma determinada altura, um atleta mais atrasado, talvez o penúltimo em prova, pisa o rebordo da pista e cai. De imediato, o atleta mais próximo parou e ajudou-o a levantar-se. Poucos segundos depois, todos os atletas em prova pararam, voltaram atrás e ajudaram-se todos mutuamente. Vieram juntos até à meta. Foram todos vencedores.

A minha busca pelo entendimento profundo do funcionamento da sociedade, em geral, e da economia, em particular, obrigou-me a concluir que ninguém é auto suficiente. E todos temos talentos únicos com que podemos ajudar os outros. Adicionalmente, cada passo, cada estudo, cada análise, fizeram muitas vezes sobressair as minhas próprias insuficiências. Percebi que uma extraordinária orquestra é composta por músicos que tocam baterias, violinos, pianos, flautas, trombones, trompetes, clarinetes, pratos, e muitos outros aparelhos, mas em que cada artista só é perito no seu instrumento. E eu não sei tocar nenhum.

Tipicamente, uma orquestra tem mais de oitenta músicos, e estes aceitam e confiam naturalmente na ajuda e coordenação de um maestro. Não importa quem é o maestro. Não importa quem está ao piano. Não importa quem toca saxofone. Cada pessoa concentra-se em desempenhar a sua tarefa o melhor que consegue. E eu gosto muito de os ouvir.

Ao conjugar estes pensamentos mundanos com a conclusão de David Ricardo relativamente ao interesse generalizado da sociedade na abertura das economias, voltei a questionar-me a mim mesmo sobre qual é a essência da natureza humana? O que significa verdadeiramente ser-se humano? Adotar comportamentos competitivos, como fizeram os leões na savana africana, ou adotar comportamentos cooperativos, como fizeram os atletas com Síndrome de Down?

As pesquisas recentes demonstram que é verdade que o ser humano desenvolve os outros sentidos quando perde um. Assim, um cego melhora as suas capacidades de audição, olfato, tato, e até ocorrem melhorias nas capacidades cognitivas da pessoa depois de perder a vista. Por outro lado, para além dos cinco sentidos, o ser humano também exibe uma situação de neurodiversidade na qual o cérebro de cada pessoa funciona de forma diferente. Quando algumas pessoas veem, ouvem e sentem o mundo de forma diferente, podemos estar perante uma pessoa com autismo. Frequentemente, estas pessoas têm capacidades únicas que o ser humano, dito normal, não consegue atingir. Talvez a essência de se ser humano resida nos excessos de cada uma destas características, a qual, nas pessoas com Síndrome Down, se destaca por um muito mais desenvolvido sentido de entreajuda. Mas David Ricardo demonstrou que todos precisamos de todos, e as pessoas ditas normais precisam da genialidade que autistas, cegos, surdos, mudos, ou pessoas com Síndrome de Down podem facultar, e que nunca poderão ser imitados por uma máquina.

Quando ocorreu o desafio entre o Deep Blue e Kasparov, terá sido um acaso a ditar a vitória do computador. De acordo com a informação do documentário "The Man vs. The Machine", divulgado pela televisão americana ESPN em 2014, o computador, na avaliação de cada jogada, estaria programado para evitar a possibilidade de entrar num processo de repetição automática, em círculos eternos. Se esta situação se verificasse, a máquina estava preparada para produzir uma jogada válida de acordo com as regras do xadrez, independentemente da sua adequabilidade para a situação de jogo em questão. Consta que, ao movimento #44 do jogo que ditou a vitória do Deep Blue, a máquina produziu uma jogada ilógica de acordo com os programadores. Diz-se que Kasparov terá ficado surpreendido e por isso terá interpretado incorretamente que a máquina estaria a seguir uma estratégia superior que ele próprio não estava a entender. Alegadamente, a confusão de Kasparov terá levado o Grande Mestre a cometer erros e, por fim, a perder a partida.

Não sei se um acaso poderá levar a humanidade a vencer o jogo. Mas sei que para o vencer, a sociedade tem uma inevitável necessidade de consolidar um ambiente institucional onde se cultive a cooperação, o respeito e a harmonia.

Hoje, a nossa sociedade global encerra uma organização que está muito mais vocacionada para o debate de ideias do que para a análise situacional. O debate sobre um determinado tema coloca frente a frente as opiniões de cada participante. Habitualmente, os participantes esgrimem os seus argumentos para justificar as suas pretensas soluções, sem questionar a contraparte, honesta e genuinamente, sobre o porquê das suas diferenças de opinião. O debate tende a ser encarado como uma competição de "verdades" individuais. Desta realidade resulta um conjunto de desencontros comportamentais que impedem que as partes se unam para uma análise conjunta da situação em mãos.

Mas ser-se humano é ser capaz de depender um do outro. Ser-se humano é ser capaz de dizer aos outros que podem depender de nós, ao mesmo tempo que confiamos que podemos depender de outrem. E nesse momento, cada pessoa é dona do seu próprio destino. Aprender a fazê-lo de forma consistente é algo que ainda está por fazer. Tenho esperança que, para si, esta leitura possa ter sido um "acaso feliz".